BESTACTIVITYBOOKS.COM

Illustrazione Grafica Extra: www.freepik.com
Grazie a Alekksall, Starline, Pch.vector, Rawpixel.com, Vectorpocket, Dgim-studio, Upklyak, Macrovector, Stockgiu, Pikisuperstar & Freepik.com Designers

Scoprire i Giochi Gratuiti Online

Disponibile Qui:

BestActivityBooks.com/FREEGAMES

5 CONSIGLI PER INIZIARE

1) COME RISOLVERE LE PAROLE INTRECCIATTE

I puzzle hanno un formato classico:

- Le parole sono nascoste senza spazi o trattini,...
- Orientamento: Le parole possono essere scritte in avanti, indietro, verso l'alto, verso il basso o in diagonale (possono essere invertite).
- Le parole possono sovrapporsi o intersecarsi.

2) APPRENDIMENTO ATTIVO

Accanto ad ogni parola c'è uno spazio per scrivere la traduzione. Per incoraggiare l'apprendimento attivo, un **DIZIONARIO** alla fine di questa edizione vi permetterà di controllare e ampliare le vostre conoscenze. Cerca e scrivi le traduzioni, trovale nel puzzle e aggiungile al tuo vocabolario!

3) SEGNARE LE PAROLE

Puoi inventare il tuo sistema di segni. Forse ne usi già uno? Per esempio, puoi segnare le parole difficili da trovare con una croce, le parole preferite con una stella, le parole nuove con un triangolo, le parole rare con un diamante, e così via.

4) STRUTTURARE L'APPRENDIMENTO

Questa edizione offre un **TACCUINO** alla fine del libro. In vacanza, in viaggio o a casa, puoi organizzare facilmente le tue nuove conoscenze senza bisogno di un secondo quaderno!

5) AVETE FINITO TUTTE LE GRIGLIE?

Nelle ultime pagine di questo libro, nella sezione della **SFIDA FINALE**, troverete un gioco gratuito!

Facile e veloce! Dai un'occhiata alla nostra collezione di libri di attività per il tuo prossimo momento di divertimento e **apprendimento,** a portata di clic!

Trova la tua prossima sfida su:

BestActivityBooks.com/MioProssimoLibro

Ai vostri posti, pronti...Via!

Sapevi che ci sono circa 7.000 lingue diverse nel mondo? Le parole sono preziose.

Amiamo le lingue e abbiamo lavorato duramente per creare libri di altissima qualità. I nostri ingredienti?

Una selezione di argomenti adatti all'apprendimento, tre buone porzioni di intrattenimento, una cucchiaiata di parole difficili e una spolverata di parole rare. Li serviamo con amore e entusiasmo in modo che tu possa risolvere i migliori giochi di parole e divertirti imparando!

La vostra opinione è essenziale. Puoi partecipare attivamente al successo di questo libro lasciandoci un commento. Ci piacerebbe sapere cosa ti è piaciuto di più di questa edizione.

Ecco un link veloce alla pagina dell'ordine:

BestBooksActivity.com/Recensione50

Grazie per il vostro aiuto e buon divertimento!

Tutta la squadra

1 - Salute e Benessere #2

```
Z  X  E  N  E  R  G  I  A  G  U  A  A  H
X  D  Y  W  U  A  I  C  K  E  F  N  I  M
E  I  R  Ó  L  A  K  P  V  N  N  E  M  O
N  D  G  A  D  R  R  D  I  E  E  I  Ó  T
V  R  K  J  V  U  N  X  T  T  M  G  T  N
R  Ý  G  K  E  Ý  O  M  A  I  O  Y  A  O
K  K  Ž  E  A  J  R  Ť  M  K  C  H  N  S
H  B  Á  I  P  U  C  U  Í  A  N  T  A  Ť
P  W  S  N  V  R  H  H  N  I  I  F  I  L
P  M  A  E  H  A  V  C  O  G  C  O  Z  I
B  P  M  V  M  A  H  W  T  R  A  U  Y  F
M  U  A  Á  C  D  N  P  L  E  O  L  E  T
Y  G  T  R  D  I  É  T  A  L  R  B  J  S
G  I  C  T  B  X  B  T  S  A  T  A  A  M
```

ALERGIA	INFEKCIA
ANATÓMIA	CHOROBA
CHUŤ	MASÁŽ
KALÓRIE	VÝŽIVA
TELO	NEMOCNICA
DIÉTA	HMOTNOSŤ
TRÁVENIE	KRV
ENERGIA	ZDRAVÝ
GENETIKA	VITAMÍN
HYGIENA	

2 - Aggettivi #2

```
K  R  E  A  T  Í  V  N  Y  Č  P  E  D  M
Z  A  U  J  Í  M  A  V  Ý  Z  I  Z  V  I
W  U  R  R  W  B  E  O  T  O  H  S  D  H
E  L  E  G  A  N  T  N  Ý  D  L  N  T  I
A  D  S  I  L  N  Ý  S  N  P  A  O  P  Ý
S  U  R  G  A  C  V  L  S  O  D  R  R  H
Z  F  T  A  Z  T  O  A  I  V  N  M  I  C
B  J  T  E  M  K  N  N  P  E  Ý  Á  R  U
L  S  S  M  N  A  H  Ý  O  D  D  L  O  S
T  L  I  N  Z  T  T  L  P  N  R  N  D  J
M  A  I  C  L  L  I  I  F  Ý  H  Y  Z  S
F  D  M  Y  V  P  E  C  C  H  X  D  E  I
L  K  S  L  Á  V  N  Y  K  K  W  S  N  T
S  Ý  Z  D  R  A  V  Ý  P  Ý  Ý  S  Ý  X
```

HLADNÝ	ZAUJÍMAVÝ
SUCHÝ	PRIRODZENÝ
AUTENTICKÝ	NORMÁLNY
KREATÍVNY	NOVÝ
POPISNÝ	HRDÝ
SLADKÝ	ČISTÝ
DRAMATICKÝ	ZODPOVEDNÝ
ELEGANTNÝ	SLANÝ
SLÁVNY	ZDRAVÝ
SILNÝ	

3 - Ingegneria

```
S L Y P U O N O H O P Y P K
T P H R B G A I C Á T O R O
Y Z V I U V F L U G Y N T N
H T Z E Y F T J C M R D H Š
K I M M E M A R G A I D M T
U A R E K V A P A L I N A R
S H L R O T O M U G H I T U
O T O K M E R A N I E F I K
I P R L U O S H Ĺ B K A L C
A N N O D L P Á K Y M N I I
F O X G J R Á L W T H U B A
E N E R G I A C L E S F A H
R Y A O W I G N I B H S T B
Š T R U K T Ú R A A L I S L
```

UHOL
OS
KALKULÁCIA
KONŠTRUKCIA
DIAGRAM
PRIEMER
NAFTA
ENERGIA
SILA
PÁKY

KVAPALINA
STROJ
MERANIE
MOTOR
HĹBKA
POHON
ROTÁCIA
STABILITA
ŠTRUKTÚRA

4 - Archeologia

```
P  R  O  F  E  S  O  R  K  J  T  N  F  M
H  V  Ý  S  K  U  M  N  Í  K  A  E  O  É
K  R  R  E  L  I  K  V  I  A  J  Z  S  R
D  M  O  P  R  E  D  M  E  T  O  N  Í  A
R  A  L  B  G  K  N  I  Z  K  M  Á  L  F
S  H  E  V  Z  Í  O  A  A  E  S  M  N  K
S  I  V  U  R  N  C  H  R  R  T  Y  E  S
U  K  E  V  O  R  A  T  S  A  V  T  A  X
K  O  M  O  T  O  P  Y  H  M  O  F  Í  D
S  S  P  L  Y  B  Z  V  X  I  G  M  V  M
O  T  M  L  O  D  F  B  E  K  J  H  O  S
S  I  T  I  G  O  U  B  X  A  H  D  P  T
A  N  A  L  Ý  Z  A  C  H  R  Á  M  U  C
Z  A  B  U  D  N  U  T  Ý  C  A  H  F  H
```

ANALÝZA	PREDMET
STAROVEKU	KOSTI
KERAMIKA	PROFESOR
ZABUDNUTÝ	RELIKVIA
POTOMOK	VÝSKUMNÍK
ÉRA	NEZNÁMY
ODBORNÍK	TÍM
FOSÍLNE	CHRÁM
TAJOMSTVO	HROB

5 - Salute e Benessere #1

```
K  S  J  U  Z  W  A  W  P  A  Y  H  B  L
B  O  M  J  D  L  Ž  H  D  P  I  F  C  E
A  A  S  E  C  C  O  B  R  D  B  F  E  K
K  R  I  T  D  A  K  M  C  V  F  Y  A  Á
T  E  N  F  I  I  X  W  E  I  A  F  I  R
É  F  E  D  K  P  C  Y  L  N  K  S  C  C
R  L  R  L  A  A  Z  Í  Z  G  I  X  Á  V
I  E  V  S  U  R  Í  V  N  L  N  N  X  W
E  X  Y  Y  V  E  H  B  C  A  I  N  A  L
A  Y  N  V  Í  T  K  A  O  N  L  R  L  I
H  O  R  M  Ó  N  Y  I  I  D  K  M  E  E
L  E  K  Á  R  E  Ň  V  Ý  Š  K  A  R  Č
H  L  A  D  G  Z  U  S  V  A  L  Y  M  B
Z  V  Y  K  K  O  R  F  O  R  N  X  A  A
```

ZVYK	SVALY
VÝŠKA	NERVY
AKTÍVNY	HORMÓNY
BAKTÉRIE	KOSTI
KLINIKA	KOŽA
HLAD	REFLEX
LEKÁREŇ	RELAXÁCIA
ZLOMENINA	TERAPIA
MEDICÍNA	LIEČBA
LEKÁR	VÍRUS

6 - Aggettivi #1

```
Ú  J  O  E  M  A  Y  V  B  M  Z  N  P  O
P  O  R  X  O  B  N  E  C  E  N  N  Ý  V
R  F  T  O  D  S  T  Ľ  J  I  L  U  I  K
I  Ý  K  T  E  O  Ý  K  C  E  L  E  M  U
M  K  G  I  R  L  R  Ý  P  E  Z  Z  F  G
N  C  B  C  N  Ú  D  D  O  D  W  U  R  D
Ý  I  Ý  K  Ý  T  E  A  M  Ô  O  S  K  O
F  T  N  Ý  B  N  T  L  A  L  X  S  A  K
Ť  A  Ž  K  Ý  Y  Š  M  L  E  E  V  D  O
Y  M  O  T  E  N  K  Ý  Ý  Ž  J  F  G  N
B  O  T  Y  N  Z  Ó  I  C  I  B  M  A  A
E  R  O  H  J  Y  N  V  Í  T  K  A  L  L
U  A  T  D  L  H  Ý  V  H  Ý  X  V  A  Ý
O  B  R  O  V  S  K  Ý  Y  I  E  L  Y  O
```

AMBICIÓZNY   TOTOŽNÝ
AROMATICKÝ   DÔLEŽITÝ
UMELECKÝ   POMALÝ
ABSOLÚTNY   DLHÝ
AKTÍVNY   MODERNÝ
OBROVSKÝ   ÚPRIMNÝ
EXOTICKÝ   DOKONALÝ
ŠTEDRÝ   ŤAŽKÝ
MLADÝ   CENNÝ
VEĽKÝ   TENKÝ

7 - Geologia

```
E  S  M  J  A  K  P  O  S  K  Y  Y  T  M
K  I  N  P  Á  V  S  L  T  B  W  U  G  I
J  O  T  Y  T  I  M  G  A  L  A  T  S  N
L  A  N  I  Š  O  L  P  L  L  C  U  D  E
A  Ň  S  T  F  V  J  X  A  C  Á  M  P  R
N  E  U  K  I  S  O  H  K  L  N  V  E  Á
I  M  S  G  Y  N  R  W  T  D  R  E  A  L
L  E  L  U  X  Ň  E  Z  I  H  C  F  T  Y
E  R  Ó  Z  I  A  A  N  T  P  A  J  P  G
S  K  P  S  A  Y  L  Á  T  Š  Y  R  K  E
Y  J  L  O  K  O  R  A  L  O  V  E  A  J
K  U  B  Ľ  F  O  S  Í  L  N  E  G  M  Z
Z  E  M  E  T  R  A  S  E  N  I  E  E  Í
U  L  A  V  R  S  T  V  A  C  W  Y  Ň  R
```

KYSELINA
PLOŠINA
VÁPNIK
JASKYŇA
KONTINENT
KORALOV
KRYŠTÁLY
ERÓZIA
FOSÍLNE
GEJZÍR

LÁVA
MINERÁLY
KAMEŇ
KREMEŇ
SOĽ
STALAGMITY
STALAKTIT
VRSTVA
ZEMETRASENIE
SOPKA

8 - Campeggio

```
Z J O H E Ň O V I S N L O E
V A K G U A V A B Á Z V O U
I Z A A R Ť T K O M P A S V
E E B S L E S I B Z V O X O
R R Í T K I Ž P W X G R H D
A O N R A S U Y O V R C H C
T Y A O N A R K T V M A P A
Á J H M O I D L L H A P L I
X C M Y E C O E M O X H L S
A Z N G U A R H M B B A A E
I D K T N D B D Z T L Ú R M
Y H T X W J O A D I A B K H
E R G H S O D Y Y E N A T S
H M Y Z P H U X G P O F T H
```

STROMY	ZÁBAVA
HOJDACIA SIEŤ	LES
ZVIERATÁ	OHEŇ
DOBRODRUŽSTVO	HMYZ
KOMPAS	JAZERO
KABÍNA	MESIAC
LOV	MAPA
KANOE	VRCH
KLOBÚK	POVAHA
LANO	STAN

9 - Tempo

```
J  K  M  K  U  I  Z  E  P  D  G  B  T  D
V  Č  E  R  A  J  H  D  O  P  N  K  K  E
S  T  O  R  O  Č  I  E  L  M  T  E  O  S
C  K  H  O  D  I  N  Y  U  E  Ý  H  S  A
D  O  A  P  E  N  T  W  D  S  Ž  S  W  Ť
J  R  N  L  Ň  J  O  Y  N  I  D  W  D  R
D  C  I  I  E  O  M  C  I  A  E  S  W  O
G  I  D  W  D  N  H  B  E  C  Ň  J  N  Č
B  X  O  M  P  Á  D  M  I  N  Ú  T  A  I
G  O  H  R  D  R  D  Á  P  R  E  D  E  E
L  B  D  M  I  J  K  O  R  O  K  S  O  Č
F  Z  R  O  Č  N  Ý  G  F  Z  R  V  T  I
K  B  U  D  Ú  C  N  O  S  Ť  E  C  H  N
Z  L  L  L  E  D  Y  G  T  V  I  I  P  V
```

ROK	POLUDNIE
ROČNÝ	MINÚTA
KALENDÁR	NOC
DESAŤROČIE	DNES
PO	HODINA
BUDÚCNOSŤ	HODINY
DEŇ	ČOSKORO
VČERA	PRED
RÁNO	STOROČIE
MESIAC	TÝŽDEŇ

10 - Astronomia

```
V M X D S N R O E T E M E U
B E H F Ú A N A I X A L A G
T S K G H I S G K R F L T R
V I A D V W P T K E K G É O
Z A I D E K O A E I T M N V
A C C M Z L K S Z R B A A N
V S Á N D B S T E D O N L O
O O T E I N E R A I Ž I P D
N M I R E G L O O D A V D E
R Z V N O G E N W M D O R N
E O A B E N T Ó U M O L E N
P K R G S A A M F T D M Z O
U J G A T B Y U L V V H E S
S U B F T Z V X T R F A M Ť
```

ASTEROID
ASTRONAUT
ASTRONÓM
NEBA
KOZMOS
SÚHVEZDIE
ROVNODENNOSŤ
GALAXIA
GRAVITÁCIA

MESIAC
METEOR
HMLOVINA
PLANÉTA
ŽIARENIE
RAKETA
SUPERNOVA
TELESKOP
ZEM

11 - Circo

```
A  J  Z  K  Í  N  L  E  Z  Ú  K  I  R  T
B  A  V  O  V  O  S  T  A  N  D  L  E  C
C  O  I  S  O  L  B  A  L  Ó  N  Y  E  R
X  F  E  T  R  S  Ž  O  N  G  L  É  R  V
R  P  R  Ý  K  J  K  L  A  U  N  Z  C  V
R  J  A  M  U  D  K  A  K  T  W  P  Z  P
K  J  T  F  C  H  U  D  B  A  T  G  L  C
Á  Ú  Á  G  P  E  L  I  X  J  L  V  Í  N
V  O  Z  A  R  Y  A  K  H  B  K  N  S  O
I  K  L  L  L  T  A  B  O  R  K  A  T  O
D  X  U  X  O  U  I  K  M  C  C  X  O  P
J  L  Y  T  N  B  L  G  I  R  Y  R  K  I
S  P  R  I  E  V  O  D  E  N  N  H  U  C
V  E  Ľ  K  O  L  E  P  Ý  R  R  S  S  A
```

AKROBAT
ZVIERATÁ
LÍSTOK
CUKROVÍ
KLAUN
KOSTÝM
SLON
ŽONGLÉR
LEV
KÚZLO

KÚZELNÍK
HUDBA
BALÓNY
SPRIEVOD
OPICA
VEĽKOLEPÝ
DIVÁK
STAN
TIGER
TRIK

12 - Algebra

```
L Y F L O D Č Í T A N I E G
D I A G R A M J H H S B W A
P R E M E N N Ý W N N V K A
N G R A F L I N E Á R N Y N
Z E A C I T A M N U L A P I
L C K K L L Z F A L O Š N Ý
O I R O R A D I V Í Z I A E
M N O L N I V H S T B J F X
O V V S K E E Z Z C H F A P
K O T Í R V Č Š O G S B K O
P R Á Č K S H N E R I R T N
U Z Z P N C M W Ý N E A O E
P R O B L É M M S L I C R N
Z J E D N O D U Š I Ť E D T
```

DIAGRAM	LINEÁRNY
DIVÍZIA	MATICA
ROVNICE	ČÍSLO
EXPONENT	ZÁTVORKA
FALOŠNÝ	PROBLÉM
FAKTOR	ZJEDNODUŠIŤ
VZOREC	RIEŠENIE
ZLOMOK	ODČÍTANIE
GRAF	PREMENNÝ
NEKONEČNÝ	NULA

13 - Mitologia

```
O  L  C  A  F  O  R  T  S  A  T  A  K  Ž
P  A  E  B  L  E  S  K  V  Y  G  P  T  I
E  E  B  G  I  G  J  L  X  O  M  T  Z  A
D  O  A  R  E  Š  Í  R  P  U  R  E  Y  R
S  M  P  K  Í  N  V  O  J  O  B  B  R  L
E  N  N  D  J  L  D  H  R  O  M  E  A  I
V  A  B  A  L  I  S  A  Z  E  A  I  S  V
Ť  S  O  N  Ľ  E  T  R  M  S  E  N  M  O
P  X  Ž  I  S  K  Z  Ú  T  P  D  A  R  S
O  K  S  D  W  R  Z  T  R  V  O  V  T  Ť
M  U  T  R  Z  B  I  L  R  M  O  Á  E  D
S  M  V  H  P  V  W  U  M  K  K  R  Ľ  F
T  K  Á  C  K  I  E  K  I  N  D  P  N  B
A  G  A  R  C  H  E  T  Y  P  N  S  Ý  G
```

ARCHETYP	BLESK
SPRÁVANIE	ŽIARLIVOSŤ
TVOR	BOJOVNÍK
TVORBA	NESMRTEĽNOSŤ
KULTÚRA	LEGENDA
KATASTROFA	SMRTEĽNÝ
BOŽSTVÁ	PRÍŠERA
HRDINA	HROM
SILA	POMSTA

14 - Piante

```
B K M B R S B N K P V S S C
L X L L O P B U J Y F V T I
C E N Í M B W R E N H K R T
K N S S A Ľ U Z A F R X O G
O V K T K E I L D M M V M P
T X T I H B V M E A R Ó L F
S R V E A A A B H C K N S M
Í K Á J S V T H L H N V C L
L V W V H A K I N A T O B
R E F G A D G D S U T K A K
R T K O R E Ň Y H H Č E L L
B A M B U S L I S T E R Y N
H X A E L O I A D A R H Á Z
H N O J I V O W K B B V S V
```

STROM	KVET
BOBULE	FLÓRA
BAMBUS	LIST
BOTANIKA	LÍSTIE
KAKTUS	LES
KER	ZÁHRADA
BREČTAN	MACH
TRÁVA	LÍSTOK
FAZUĽA	KOREŇ
HNOJIVO	

15 - Numeri

```
E  M  Y  Y  G  X  K  T  E  W  T  U  U  U
P  Ä  T  N  Á  S  Ť  M  O  S  E  M  V  P
Ť  N  G  T  J  T  R  I  N  Á  S  Ť  F  A
S  E  D  E  M  N  Á  S  Ť  Š  Š  A  Ä  T
Á  X  K  J  E  B  A  X  W  T  E  S  L  P
N  D  X  H  D  K  N  L  G  R  S  D  S  Š
T  Š  E  H  E  M  S  F  X  N  Ť  A  E  E
Ä  T  R  S  S  D  G  O  N  Á  Y  V  D  S
V  Y  O  K  A  D  V  Ť  A  S  E  D  E  T
E  R  B  I  L  T  A  A  F  Ť  N  B  V  N
D  I  D  S  U  B  I  N  N  D  V  A  Ä  Á
M  W  N  F  N  O  V  N  E  Á  E  A  Ť  S
T  R  I  G  E  K  Z  W  N  T  S  M  V  Ť
M  O  S  E  M  N  Á  S  Ť  É  Z  Ť  Y  F
```

PÄŤ	ŠTRNÁSŤ
DESATINNÉ	ŠTYRI
DEVÄTNÁSŤ	PÄTNÁSŤ
SEDEMNÁSŤ	ŠESTNÁSŤ
OSEMNÁSŤ	ŠESŤ
DESAŤ	SEDEM
DVANÁSŤ	TRI
DVA	TRINÁSŤ
DEVÄŤ	DVADSAŤ
OSEM	NULA

16 - Cioccolato

```
F C A K Ž O L Z H K C H I A
C S A P C I B A M Ó R A K N
Ý K R O H R A Ľ H K X U C T
K A R A M E L R Ú O M D H I
C R S C G I C R A B D E U O
I E L U C R V D R Š E N Ť X
T C A K F Ó B D E N I N Ý I
O E D O V L N L M L B D Ý D
X P K R N A V P E Y Y C Y A
E T Ý M J K A R S V Y I W N
C U K R O V Í Á E M K V P T
K V A L I T A Š L W B A A K
K A K A O T Z O N G X K G L
Ý V O S O K O K É P Z T V D
```

HORKÝ	SLADKÝ
ANTIOXIDANT	EXOTICKÝ
ARAŠIDY	CHUŤ
ARÓMA	ZLOŽKA
REMESELNÉ	KOKOSOVÝ
KAKAO	PRÁŠOK
KALÓRIE	OBĽÚBENÝ
CUKROVÍ	KVALITA
KARAMEL	RECEPT
LAHODNÝ	CUKOR

17 - Guida

```
R C P M P T U N E L D S R S
T R E H O A A U T O O A Ý N
W C Š C U T L P Y S P I C Z
Z X E B P S O I U T R C H Z
F N J G E E R C V M A N L C
A W V F P C L V Y O V E O B
F P R E P R A V A K A C S N
Ť S O N Č E P Z E B E I Ť A
E U F D O O L N R G X L M G
N E H O D A Y D Z R B H O Y
B G J Ť S O N R T A P O T M
A U T O B U S N Y O P U O T
O C M A P A I C Í L O P R K
L M D G A R Á Ž N S N Y G Y
```

OPATRNOSŤ
AUTO
AUTOBUS
PALIVO
BRZDY
GARÁŽ
PLYN
NEHODA
LICENCIA
MAPA

MOTOCYKEL
MOTOR
PEŠEJ
POLÍCIA
BEZPEČNOSŤ
CESTA
DOPRAVA
PREPRAVA
TUNEL
RÝCHLOSŤ

18 - I Media

```
O  K  F  L  D  L  F  A  K  T  Y  S  T  D
J  N  C  D  X  E  V  Y  D  A  N  I  E  I
O  S  L  I  N  S  R  V  B  P  T  P  R  G
W  E  F  I  A  Y  Á  P  Z  Y  E  N  G  I
M  W  I  Z  N  M  D  H  Z  S  K  F  Y  T
P  U  Z  F  D  E  I  Y  N  I  V  O  N  Á
N  O  V  D  A  I  O  U  F  P  I  T  T  L
Á  V  S  V  E  R  E  J  N  O  S  Ť  S  N
Z  H  Y  T  I  P  G  M  Z  S  C  E  E  Y
O  D  O  K  O  U  R  O  C  A  S  I  I  I
R  G  A  X  M  J  D  E  T  Č  L  S  M  L
F  E  J  F  Y  F  E  B  B  O  O  J  G  H
K  O  M  E  R  Č  N  Ý  N  Z  F  N  V  B
I  N  T  E  L  E  K  T  U  Á  L  N  Y  C
```

POSTOJE
KOMERČNÝ
DIGITÁLNY
VYDANIE
FAKTY
FOTOGRAFIE
NOVINY
PRIEMYSEL

INTELEKTUÁLNY
MIESTNY
ONLINE
NÁZOR
VEREJNOSŤ
RÁDIO
SIEŤ
ČASOPISY

19 - Forza e Gravità

```
V  L  A  S  T  N  O  S  T  I  G  J  B  D
E  V  P  V  Č  S  B  O  U  P  M  S  M  Y
O  Ť  S  Y  Z  A  L  U  U  V  T  O  E  N
W  S  U  L  R  M  S  W  C  M  C  R  C  A
M  O  J  P  V  L  N  E  P  D  B  B  H  M
U  N  I  V  E  R  Z  Á  L  N  Y  I  A  I
R  E  H  M  O  T  N  O  S  Ť  H  T  N  C
T  L  T  L  A  K  H  V  T  R  O  A  I  K
N  A  F  Y  Z  I  K  A  N  R  P  W  K  Ý
E  I  C  P  L  A  N  É  T  P  E  I  A  J
C  D  E  X  P  A  N  Z  I  A  A  N  U  P
W  Z  R  Ý  C  H  L  O  S  Ť  Y  V  I  V
R  V  A  J  B  O  Y  X  X  N  M  X  O  E
M  A  G  N  E  T  I  Z  M  U  S  V  S  J
```

OS	POHYB
TRENIE	ORBITA
CENTRUM	HMOTNOSŤ
DYNAMICKÝ	PLANÉT
VZDIALENOSŤ	TLAK
EXPANZIA	VLASTNOSTI
FYZIKA	OBJAV
VPLYV	ČAS
MAGNETIZMUS	UNIVERZÁLNY
MECHANIKA	RÝCHLOSŤ

20 - Sport

```
T O N D P R O G R A M M V T
F A U O I T S O K H F A G R
H V N L D É P Y I W A X T É
O B Y E M W T I E F N I K N
X M O T C B Y A P K S M E E
M E T A B O L I C K Ý A Z R
R D K G L F A O V N J L D V
Z Z T P A I V F H T O I R Ý
V P E D O N S A W Z G Z A Ž
T X H Y N L C I E Ľ G O V I
S C H O P N O S Ť S I V I V
C Y K L I S T I K A N A E A
Š P O R T O V E C A G Ť U V
H P Š P O R T O V É E Z T V
```

TRÉNER	MAXIMALIZOVAŤ
ŠPORTOVEC	METABOLICKÝ
SCHOPNOSŤ	SVALY
CYKLISTIKA	VÝŽIVA
TELO	CIEĽ
TANEC	KOSTI
DIÉTA	PROGRAM
SILA	ZDRAVIE
JOGGING	ŠPORTOVÉ

21 - Uccelli

```
P  R  H  K  C  S  B  N  F  C  V  E  C  K
E  I  C  Č  N  R  V  T  G  U  K  R  R  U
L  C  E  B  A  R  V  Y  U  I  C  A  X  K
I  H  J  V  I  J  U  S  I  Č  P  T  L  U
K  O  A  Y  C  F  K  G  N  N  N  H  K  Č
Á  L  V  U  O  W  A  A  K  V  E  I  C  K
N  U  T  X  B  P  I  K  K  U  R  A  A  A
K  B  D  F  U  A  N  V  L  A  B  U  Ť  K
A  I  P  R  L  P  E  A  H  P  K  A  X  O
Č  C  Š  R  O  A  M  L  S  J  Á  B  Y  J
I  A  T  G  H  G  A  O  R  O  L  V  J  E
C  S  R  U  W  Á  L  V  S  T  B  J  O  W
A  B  O  A  A  J  P  T  U  K  A  N  L  P
F  T  S  U  H  H  I  M  Z  H  P  N  V  U
```

VOLAVKA	PAPAGÁJ
KAČICA	VRABEC
OROL	PÁV
BOCIAN	PELIKÁN
LABUŤ	HOLUB
HOLUBICA	TUČNIAK
KUKUČKA	KURA
PLAMENIAK	PŠTROS
ČAJKA	TUKAN
HUS	VAJEC

22 - Giorni e Mesi

```
G N O R W Z F P N Y X N D G
Y O D O J K O L E D N O P I
L V L K V Ú A L D K N W K L
L E I X K Y L Í E M G V G N
G M J A N U Á R Ľ D U I A E
D B A D D P K P A I S F U A
E E T Z H E T A D C E F G B
C R O Ý X E R J Ú N P E U M
E O B R Ž A D T H U T B S E
M B O Z X D O W S T E R T S
B Z S S S W E T F O M U P I
E P I A T O K Ň V R B Á A A
R O K T Ó B E R A O E R V C
K A L E N D Á R G K R G W R
```

AUGUST
ROK
APRÍL
KALENDÁR
DECEMBER
NEDEĽA
FEBRUÁR
JANUÁR
JÚN
JÚL

PONDELOK
UTOROK
STREDA
MESIAC
NOVEMBER
OKTÓBER
SOBOTA
SEPTEMBER
TÝŽDEŇ
PIATOK

23 - Casa

```
P  A  N  K  W  J  S  F  S  J  T  D  K  S
H  A  T  U  O  P  L  T  S  H  J  V  O  T
D  I  G  C  N  H  L  D  E  A  S  E  B  R
E  Z  T  O  L  P  Ú  I  N  N  J  R  E  O
I  L  D  K  V  L  Z  T  F  X  A  E  R  P
A  C  I  N  Ž  I  N  K  I  R  L  E  E  O
E  I  V  O  R  K  D  O  P  K  T  S  C  L
J  B  Z  Á  H  R  A  D  A  K  E  A  T  D
G  B  C  N  I  M  G  U  H  J  M  H  R  A
V  E  L  D  X  S  T  A  Ň  Y  H  C  U  K
L  A  M  P  A  V  B  B  R  K  L  R  R  R
P  O  D  L  A  H  A  Z  B  Á  U  P  Z  Z
S  T  R  E  C  H  A  I  W  X  Ž  S  U  H
H  A  M  F  B  G  E  V  E  X  N  Y  E  U
```

PODKROVIE	STENA
KNIŽNICA	PODLAHA
IZBA	DVERE
KRB	PLOT
KUCHYŇA	KOHÚTIK
SPRCHA	METLA
OKNO	STROP
GARÁŽ	ZRKADLO
ZÁHRADA	KOBEREC
LAMPA	STRECHA

24 - Ristorante #1

```
P  P  G  O  Y  N  O  T  S  I  T  O  J  E
F  O  A  V  O  Ô  M  C  A  É  U  N  E  M
D  J  K  V  P  Ž  Á  H  K  N  E  I  S  Ä
E  E  Č  L  G  F  Č  L  S  T  I  H  Ť  S
Z  D  Í  K  A  E  K  I  I  N  C  E  U  O
E  L  N  O  R  D  A  E  M  A  N  R  R  N
R  O  Š  S  U  Y  N  B  J  K  E  B  O  A
T  O  A  S  K  L  W  Í  V  I  I  K  B  L
I  J  Č  K  Á  V  A  I  K  P  D  U  R  E
R  E  Z  E  R  V  Á  C  I  A  E  C  Ú  R
M  R  Z  N  K  M  S  X  G  S  R  H  S  G
H  R  G  Z  X  Y  R  A  E  E  G  Y  O  I
B  I  L  B  K  F  W  N  L  V  N  Ň  K  A
C  B  C  I  V  C  X  O  I  Y  I  A  X  L
```

ALERGIA	INGREDIENCIE
KÁVA	JESŤ
ČAŠNÍČKA	MENU
MÄSO	CHLIEB
POKLADNÍK	TANIER
JEDLO	PIKANTNÉ
MISKA	KURA
NÔŽ	REZERVÁCIA
KUCHYŇA	OMÁČKA
DEZERT	OBRÚSOK

25 - Fantascienza

```
Ý  K  C  I  T  S  I  R  U  T  U  F  J  E
U  T  Ó  P  I  A  Ň  E  H  O  V  I  D  N
I  C  E  Á  O  P  A  A  T  É  N  A  L  P
I  I  K  V  W  Y  M  L  V  Ý  B  U  C  H
T  A  J  O  M  N  Ý  I  V  I  T  G  I  K
A  O  Y  M  J  M  V  S  A  U  Y  T  M  N
D  P  T  Ó  W  É  O  T  D  U  W  A  A  I
G  Y  Z  T  T  R  R  I  S  V  E  T  G  H
F  A  S  A  M  T  A  C  I  G  M  H  I  Y
S  I  L  T  A  X  C  K  K  I  N  O  N  T
M  Z  J  A  O  E  L  Ý  J  W  C  D  Á  O
W  Ú  I  T  X  P  E  S  O  E  S  Z  R  B
M  L  X  D  U  I  I  F  A  P  M  E  N  O
V  I  Y  S  K  K  A  A  G  C  J  F  Y  R
```

ATÓMOVÁ	IMAGINÁRNY
KINO	KNIHY
DYSTOPIA	TAJOMNÝ
VÝBUCH	SVET
EXTRÉMNY	ORACLE
OHEŇ	PLANÉTA
FUTURISTICKÝ	REALISTICKÝ
GALAXIA	ROBOTY
ILÚZIA	UTÓPIA

26 - Città

```
D G A L É R I A R H L Š K I
I Y U B H O T E L K E T N K
V F P R R P Ň W S Y T A Í V
A K Y E T D E N Y K I D H E
D O A Y O O R K K E S I K T
L C H F D H Á K Á F K Ó U I
O K E B O C K J I R O N P N
G A K N A B E N F N E E E Á
Š K O L A O L M I L O Ň C R
Z I X I U Z O Ú N Ž W Z T S
O N P A C D D Z H Z N D V T
O I U Y J R P E G R S I O V
L L K U Y L R U V A J O C O
E K T E K R A M R E P U S A
```

LETISKO
BANKA
KNIŽNICA
KINO
KLINIKA
LEKÁREŇ
KVETINÁRSTVO
GALÉRIA
HOTEL
KNÍHKUPECTVO

TRH
MÚZEUM
OBCHOD
PEKÁREŇ
ŠKOLA
ŠTADIÓN
SUPERMARKET
DIVADLO
ZOO

27 - Fattoria #1

```
P  Ň  A  M  E  Y  T  V  D  V  J  T  T  X
V  Ô  R  D  J  P  O  O  A  J  Z  E  O  R
F  K  D  J  E  A  K  D  T  O  N  Ľ  J  W
K  N  Z  A  Ž  Y  R  A  Z  O  K  A  N  B
F  S  O  M  Á  R  A  S  A  R  P  L  X  V
P  E  S  N  K  O  V  I  J  O  N  H  W  X
Y  W  I  V  E  V  A  R  U  K  N  P  Z  X
I  B  I  Č  N  S  M  A  Č  K  A  L  G  G
P  Y  L  E  M  Ľ  W  K  I  V  Y  O  I  C
O  D  B  L  H  E  Z  M  L  H  T  T  K  C
L  S  L  A  P  D  D  J  E  D  A  L  O  U
E  A  S  W  U  Ŕ  K  I  T  T  U  V  Y  L
G  N  M  L  W  K  A  L  C  A  S  J  Y  U
C  E  B  U  T  S  E  M  E  N  Á  V  K  L
```

VODA	KŔDEĽ
VČELA	PRASA
SOMÁR	MED
POLE	KRAVA
PES	KURA
KOZA	PLOT
KÔŇ	RYŽA
HNOJIVO	SEMENÁ
SENO	PÔDA
MAČKA	TEĽA

28 - Psicologia

```
V  E  D  V  Y  P  N  E  V  E  D  O  M  Ý
O  M  E  N  M  C  O  K  Y  A  H  H  K  D
F  Ó  T  Í  S  D  A  Z  K  H  V  Y  I  G
W  C  S  M  Ý  K  C  I  N  I  L  K  T  V
Ť  I  T  A  O  K  K  Z  E  A  P  T  S  Y
S  E  V  N  P  A  B  J  I  P  N  K  O  M
O  N  O  I  O  C  E  F  L  R  E  I  N  E
N  O  E  E  C  A  V  M  Š  O  G  L  E  N
B  Y  V  C  I  I  M  N  Y  B  O  F  S  O
O  W  D  K  T  P  E  L  M  L  M  N  Ú  V
S  P  R  Á  V  A  N  I  E  É  A  O  K  A
O  T  I  I  M  R  H  W  D  M  L  K  S  N
R  L  X  O  R  E  A  L  I  T  A  V  B  I
B  S  X  F  U  T  G  N  Á  P  A  D  Y  E
```

VYMENOVANIE	NEVEDOMÝ
KLINICKÝ	DETSTVO
POZNANIE	MYŠLIENKY
SPRÁVANIE	VNÍMANIE
KONFLIKT	OSOBNOSŤ
EGO	PROBLÉM
EMÓCIE	REALITA
SKÚSENOSTI	POCIT
NÁPADY	TERAPIA

29 - Paesaggi

```
O P G G P S M G K P T V O P
R C O E I L O D Ú L U O S Y
E O E L J H U S O Á N D T Ľ
Z I R Á O Z K G Á Ž D O R A
A D O H N S Í P Z D R P O D
J O M M G Y T R A R A Á V O
U Y G D R H C R V B Ň D C V
Y G X U P Ú Š Ť O H Y E N E
B U Y N L Z U Z M V K L Y C
E P W Y J G M I O C S K D I
K O P E C D U C Č R A M X X
V S G R I E K A I E J A W F
S G D R A T K S A K P O S U
B M G C Z E C A R U G K P U
```

VODOPÁD

KOPEC

PÚŠŤ

DUNY

RIEKA

GEJZÍR

ĽADOVEC

JASKYŇA

OSTROV

JAZERO

MORE

VRCH

OÁZA

OCEÁN

MOČIAR

POLOSTROV

PLÁŽ

TUNDRA

ÚDOLIE

SOPKA

30 - Energia

```
P  R  O  S  T  R  E  D  I  E  Y  R  W  S
E  L  E  K  T  R  I  C  K  Ý  J  W  L  F
J  A  D  R  O  V  Ý  K  P  A  O  N  R  H
Y  J  Ý  N  Ľ  E  T  I  V  O  N  B  O  E
Y  T  V  Í  E  I  M  E  F  D  O  K  S  N
C  E  I  Z  L  N  G  O  F  P  A  E  U  T
V  P  E  N  E  E  A  R  T  O  U  A  K  R
U  L  T  E  K  T  V  F  D  O  I  I  V  O
H  O  O  B  T  S  X  J  T  I  R  R  D  P
L  P  R  P  R  I  C  P  E  A  O  E  O  I
Í  Z  A  L  Ó  Č  B  A  T  É  R  I  A  A
K  K  J  R  N  E  P  A  L  I  V  O  V  G
S  S  C  X  A  N  T  U  R  B  Í  N  A  C
V  O  D  Í  K  Z  F  O  T  Ó  N  D  D  X
```

PROSTREDIE
BATÉRIA
BENZÍN
TEPLO
UHLÍK
PALIVO
NAFTA
ELEKTRICKÝ
ELEKTRÓN
ENTROPIA

FOTÓN
VODÍK
ZNEČISTENIE
MOTOR
JADROVÝ
OBNOVITEĽNÝ
TURBÍNA
PARA
VIETOR

31 - Ristorante #2

```
E  C  S  H  I  Y  Y  S  Y  G  P  Y  N  U
K  X  W  O  B  A  K  V  E  I  L  O  P  W
L  Y  Ž  I  C  A  D  W  I  G  T  W  M  O
C  B  Y  T  I  F  R  L  O  D  Á  Y  C  I
G  Y  Y  U  F  H  B  M  R  H  L  E  A  M
A  R  E  Č  E  V  J  B  J  L  A  I  I  K
V  J  A  K  Č  I  L  O  T  S  Š  N  C  Z
P  R  E  D  J  E  D  L  O  O  E  E  J  A
B  S  A  G  N  I  Z  C  O  Ľ  N  R  A  T
W  S  X  M  Z  X  N  Y  U  B  O  O  V  R
O  Ľ  A  D  N  Á  P  O  J  A  E  K  V  O
V  Ý  N  D  O  H  A  L  V  J  H  D  X  T
V  E  I  C  O  V  O  Č  A  Š  N  Í  K  V
H  Z  B  L  P  V  Z  E  L  E  N  I  N  A
```

VODA	ŠALÁT
PREDJEDLO	POLIEVKA
NÁPOJ	RYBY
ČAŠNÍK	OBED
VEČERA	SOĽ
LYŽICA	STOLIČKA
LAHODNÝ	KORENIE
VIDLICA	TORTA
OVOCIE	VAJCIA
ĽAD	ZELENINA

32 - L'Azienda

```
T  M  O  Ž  N  O  S  Ť  Ť  S  E  V  O  P
K  R  R  O  Z  H  O  D  N  U  T  I  E  R
U  V  E  P  R  I  E  M  Y  S  E  L  K  O
D  E  P  N  E  S  T  D  W  E  G  K  R  F
O  J  O  A  D  F  V  F  N  O  G  V  E  E
R  O  J  W  A  Y  D  Z  M  S  A  A  A  S
P  R  E  Z  E  N  T  Á  C  I  A  L  T  I
R  D  P  J  E  D  N  O  T  K  Y  I  Í  O
I  Z  O  Z  Y  Z  S  K  K  L  U  T  V  N
Z  G  K  P  R  Í  J  M  Y  I  V  A  N  Á
I  B  R  G  L  O  B  Á  L  N  Y  E  Y  L
K  N  O  I  N  O  V  A  T  Í  V  N  Y  N
Á  N  K  I  N  V  E  S  T  Í  C  I  A  Y
Z  A  M  E  S  T  N  A  N  I  E  F  H  X
```

KREATÍVNY	PROFESIONÁLNY
ROZHODNUTIE	POKROK
GLOBÁLNY	KVALITA
PRIEMYSEL	PRÍJMY
INOVATÍVNY	POVESŤ
INVESTÍCIA	RIZIKÁ
ZAMESTNANIE	ZDROJE
MOŽNOSŤ	MZDY
PREZENTÁCIA	TRENDY
PRODUKT	JEDNOTKY

33 - Giardino

```
K T Z T K C H G L L I M Ž N
E E L R D G A L A O F M Á F
F K R Á A N Í L O P M A R T
N J F V S H K F C A T D A E
B E N N T Y Y B C T E A G V
H U H I J L N P Z A R R V K
N R R K R Y B N Í K A H I Y
R U A I S T R O M Č S Á N O
P K H B N B H L E I A Z I S
H Y L G L Y A R F V T N Č X
T R Á V A E D J K A P L O T
B H G P D F I D Y L L E B K
S C T N Ô Y C G Z F H H E A
F N O U P C A B B E D M A D
```

STROM

KER

TRÁVA

BURINY

KVET

SAD

GARÁŽ

ZÁHRADA

LOPATA

LAVIČKA

TRÁVNIK

HRABLE

PLOT

RYBNÍK

PÔDA

TERASA

TRAMPOLÍNA

HADICA

VINIČ

34 - Frutta

```
A M E C E H H S G B O I Z S
K N A A F I G A J Á P A P L
Š S A R Ň K K U I O U I D I
U O D N H Š Z L V G G M X V
R P P N Á U E C I N R E Č K
H J A T O S L R K A J L B A
M A L I N A U E E M B Ó A B
Z V S K E N B K G Č O N N R
W G U I Ý V O Ž N A R O Á O
B Y V W C G B N E D U V N S
C I T R Ó N P J A B L K O K
R R O N E V G G Y C B H V Y
U H X A V O K Á D O F V T Ň
I S H R O Z N O P Z C E A A
```

MARHULE
ANANÁS
ORANŽOVÝ
AVOKÁDO
BOBULE
BANÁN
ČEREŠŇA
FIGA
KIVI
MALINA

CITRÓN
MANGO
JABLKO
MELÓN
ČERNICE
PAPÁJA
HRUŠKA
BROSKYŇA
SLIVKA
HROZNO

35 - Fattoria #2

```
Ú  O  O  X  K  Z  J  E  D  L  O  K  T  H
G  Ľ  V  H  U  S  I  O  A  E  J  Y  K  X
R  R  O  T  K  A  R  T  S  I  G  O  B  M
C  E  C  V  O  M  A  H  G  N  G  C  O  X
P  T  I  X  M  D  V  G  K  A  Č  I  C  A
B  N  E  T  D  L  I  S  P  V  K  O  U  K
F  H  M  Ň  S  L  N  K  Š  O  F  Ú  N  U
Z  V  I  E  R  A  T  Á  E  Ž  U  B  L  K
O  T  W  M  Á  I  P  E  N  A  I  J  H  U
V  E  S  Č  M  O  K  E  I  L  M  A  K  R
W  J  N  A  R  G  P  R  C  V  J  H  A  I
K  M  R  J  A  M  A  L  A  A  K  Ň  B  C
U  E  V  O  F  I  U  T  A  Z  K  A  Z  A
H  K  X  Y  F  Z  S  T  O  D  O  L  A  D
```

JAHŇA	ZAVLAŽOVANIE
FARMÁR	LAMA
ÚĽ	MLIEKO
KAČICA	KUKURICA
ZVIERATÁ	HUSI
JEDLO	JAČMEŇ
STODOLA	PASTIER
OVOCIE	OVCE
SAD	LÚKA
PŠENICA	TRAKTOR

36 - Verdure

```
Z  C  T  A  J  P  H  R  N  O  O  H  H  P
A  E  Á  Z  Z  E  L  E  Á  R  Z  A  U  A
Y  Z  L  L  K  T  Y  Ď  Ž  U  S  C  B  R
M  X  A  E  C  R  G  K  A  D  Y  I  A  A
N  F  Š  T  R  Ž  A  O  L  W  R  V  V  D
H  V  J  J  R  L  C  V  K  J  G  K  H  A
S  L  I  K  B  E  I  K  A  N  S  E  C  J
V  T  S  D  B  N  L  A  B  W  F  T  A  K
Š  P  E  N  Á  T  O  O  V  X  F  U  R  A
Y  Š  A  L  O  T  K  A  F  K  X  G  H  Y
N  J  G  K  Z  K  O  Č  I  T  R  A  A  J
Z  O  D  G  A  K  R  O  H  U  N  M  R  H
V  D  M  U  G  V  B  C  I  B  U  Ľ  A  M
Z  Á  Z  V  O  R  K  A  I  M  E  Z  P  L
```

CESNAK
BROKOLICA
ARTIČOK
MRKVA
UHORKA
CIBUĽA
HUBA
ŠALÁT
BAKLAŽÁN
ZEMIAK

HRACH
PARADAJKA
PETRŽLEN
KVAKA
REĎKOVKA
ŠALOTKA
ZELER
ŠPENÁT
ZÁZVOR
TEKVICA

37 - Musica

```
K N I M A S S L N É R F E R
C L Ť R J Ú P Y A D A L A B
Ý F A X K L E R H R S N D C
K G V S S A V I R J E O N S
C C E T I D Á C Á K R P A E
I X I F E C K K V U X V O R
N K P X M M K Ý A M U B L A
O F S S X X P Ý N U N H F M
M E L Ó D I A O I Z Á H W X
R R Y T M U S D E I S C B F
A R Y T M I C K Ý K T K F U
H P O E T I C K Ý Á R X A N
M I K R O F Ó N R L O F Z F
S H U D O B N Í K B J C I G
```

ALBUM
SÚLAD
HARMONICKÝ
BALADA
SPEVÁK
SPIEVAŤ
KLASICKÝ
REFRÉN
LYRICKÝ
MELÓDIA

MIKROFÓN
MUZIKÁL
HUDOBNÍK
OPERA
POETICKÝ
NAHRÁVANIE
RYTMICKÝ
RYTMUS
NÁSTROJ
TEMPO

38 - Barbecue

```
P  L  F  H  M  S  J  D  C  B  H  H  Y  E
O  A  E  C  B  O  E  Y  R  O  D  I  N  A
M  R  P  T  R  Ľ  D  E  B  O  A  C  W  K
Á  E  H  R  O  G  L  G  N  C  L  Ú  B  N
Č  Č  K  U  I  B  O  R  R  Z  H  R  Z  Á
K  E  H  R  Y  K  F  F  Z  I  O  O  P  V
A  V  N  O  Ž  E  A  R  U  K  L  H  D  Z
W  I  H  V  I  X  B  P  T  K  M  S  I  O
X  E  Y  K  J  A  D  A  R  A  P  W  Š  P
C  I  B  U  Ľ  A  U  K  E  H  O  G  A  F
I  C  E  J  O  O  H  X  N  J  Z  J  L  X
T  O  G  D  V  C  Z  R  V  X  U  I  Á  L
X  V  H  Y  A  Z  C  H  K  V  E  L  T  D
D  O  E  B  C  O  F  C  U  R  R  H  Y  O
```

HORÚCI	GRIL
VEČERA	ŠALÁTY
JEDLO	POZVÁNKA
CIBUĽA	HUDBA
NOŽE	PAPRIKA
LETO	KURA
HLAD	PARADAJKY
RODINA	OBED
OVOCIE	SOĽ
HRY	OMÁČKA

39 - Insetti

```
Š  O  R  I  L  J  F  V  C  F  C  M  S  T
R  V  K  O  B  Y  L  K  A  X  H  A  V  E
A  R  Á  M  O  K  N  G  J  I  R  N  Ä  R
Z  E  H  B  Y  N  B  C  V  E  O  T  T  M
V  Č  W  E  O  A  P  L  I  I  B  I  O  I
E  K  T  U  B  C  E  Z  C  E  Á  S  J  T
U  Y  A  K  N  E  I  L  N  H  K  E  Á  G
K  X  B  G  J  V  N  B  K  S  A  O  N  A
C  S  A  V  R  A  L  L  Ň  E  Š  R  S  L
B  D  S  K  E  R  V  Á  Ž  K  A  E  K  J
P  Z  O  E  Š  M  B  S  M  U  W  T  Y  D
C  L  Ľ  Ý  T  O  M  L  R  T  N  H  E  B
V  Č  E  L  A  R  V  E  C  I  K  Á  D  A
T  F  O  N  N  M  L  J  M  V  N  P  F  A
```

VOŠKA
VČELA
SRŠEŇ
KOBYLKA
CIKÁDA
LIENKA
CHROBÁK
MOR
MOTÝĽ
MRAVEC

LARVA
VÁŽKA
SVÄTOJÁNSKY
MANTIS
BLCHA
ŠVÁB
TERMIT
ČERV
OSA
KOMÁR

40 - Fisica

```
M  H  Z  V  R  Ý  C  H  L  O  S  Ř  R  O
A  O  U  R  Z  A  K  I  N  A  H  C  E  M
G  P  O  S  Ý  O  N  O  A  A  D  A  L  K
N  Y  L  P  T  C  R  Y  L  B  A  I  A  E
E  Z  L  L  L  O  H  E  I  A  I  C  T  L
T  P  X  R  X  I  T  L  C  I  C  N  I  E
I  M  R  N  L  I  H  A  E  Z  Á  E  V  K
Z  M  O  L  E  K  U  L  A  N  T  V  I  T
M  C  T  F  H  N  T  O  C  A  I  K  T  R
U  H  O  O  L  S  F  F  I  P  V  E  A  Ó
S  A  M  Z  I  B  I  G  T  X  A  R  Y  N
M  O  A  T  Ó  M  D  J  S  E  R  F  K  P
M  S  Z  Ý  V  O  R  D  A  J  G  J  V  K
C  H  E  M  I  C  K  Ý  Č  H  K  O  I  I
```

ZRÝCHLENIE	GRAVITÁCIA
ATÓM	MAGNETIZMUS
CHAOS	MECHANIKA
CHEMICKÝ	MOLEKULA
HUSTOTA	MOTOR
ELEKTRÓN	JADROVÝ
EXPANZIA	ČASTICA
VZOREC	RELATIVITA
FREKVENCIA	RÝCHLOSŤ
PLYN	

41 - Erboristeria

```
R  R  S  A  R  O  M  A  T  I  C  K  Ý  C
K  O  A  T  I  L  A  V  K  C  N  L  G  E
V  P  Z  Ä  Š  A  F  R  A  N  M  F  A  S
E  Ô  N  M  C  F  C  H  N  N  I  L  K  N
T  K  Ó  P  A  Ľ  U  D  N  A  V  E  L  A
N  M  G  R  F  R  Z  L  O  Ž  K  A  A  K
I  H  A  D  A  E  Í  J  N  R  X  O  Z  D
G  V  R  Z  W  A  N  N  Á  R  O  J  A  M
U  C  T  Y  O  O  S  I  D  Á  T  T  B  R
Y  K  S  R  Á  H  C  U  K  N  N  Y  U  O
K  C  E  N  E  L  Ž  R  T  E  P  M  Y  A
O  R  E  G  A  N  O  X  V  L  L  I  W  G
Z  L  O  M  R  Y  R  U  D  E  W  A  F  X
O  Z  E  A  D  A  R  H  Á  Z  G  N  U  W
```

CESNAK	LEVANDUĽA
KÔPOR	MAJORÁN
AROMATICKÝ	MÄTA
BAZALKA	OREGANO
KUCHÁRSKY	PETRŽLEN
ESTRAGÓN	KVALITA
FENIKEL	ROZMARÍN
KVET	TYMIAN
ZÁHRADA	ZELENÁ
ZLOŽKA	ŠAFRAN

42 - Attività Commerciale

```
S P D P F D S M Z W M Z B F
Ľ R A R É I R A K R Z H R G
E E R Í L G N T O V Á R E Ň
T D Ú J O L U A M E N A S E
A A X E C C L E N L D O P P
V J I M K S A M T C E D O E
Á E K O N O M I K A I F L N
N D T C V Z N J I S X E O I
T O V A R Ľ V Á K H B C Č A
S H G X I A I A K E E H N Z
E C F T B V Y V Z L Y H O E
M B E P A A F H H I A I S H
A O R O Z P O Č E T S D Ť G
Z I N V E S T Í C I A K Y K
```

ROZPOČET
KARIÉRA
NÁKLADY
ZAMESTNÁVATEĽ
EKONOMIKA
TOVÁREŇ
FINANCIE
INVESTÍCIA
TOVAR

OBCHOD
ZISK
PRÍJEM
ZĽAVA
SPOLOČNOSŤ
PENIAZE
ÚRAD
MENA
PREDAJ

43 - Fiori

```
I  B  I  Š  T  E  K  X  M  F  K  J  L  X
S  L  N  E  Č  N  I  C  A  Y  Y  R  Í  N
K  O  O  K  Y  E  K  Y  W  S  T  B  S  E
Z  H  E  R  P  W  K  Z  H  I  I  M  T  A
P  M  H  D  C  G  O  H  N  C  C  A  O  V
I  L  J  O  V  H  A  Ž  U  R  A  K  K  A
W  G  U  I  P  R  I  R  J  A  Z  M  Í  N
C  Y  E  M  Z  V  L  D  D  N  M  Z  P  I
C  K  I  P  E  V  A  P  E  É  H  O  P  L
S  O  A  L  I  R  Ľ  C  T  A  N  V  S  E
P  Ú  P  A  V  A  I  D  G  W  M  I  U  T
O  R  G  O  V  Á  N  A  H  X  X  T  A  A
S  E  D  M  O  K  R  Á  S  K  A  V  T  Ď
X  U  W  W  P  I  V  O  N  K  A  T  B  T
```

PÚPAVA	NARCIS
GARDÉNIA	ORCHIDEA
JAZMÍN	MAK
ĽALIA	PIVONKA
SLNEČNICA	LÍSTOK
IBIŠTEK	PLUMERIA
ORGOVÁN	RUŽA
SEDMOKRÁSKA	ĎATELINA
KYTICA	

44 - Filantropia

```
S  G  L  Z  F  V  C  H  A  R  I  T  A  F
Y  Z  B  V  G  O  E  L  E  I  C  Y  M  I
E  A  B  E  A  Z  N  R  H  I  Z  A  U  N
S  K  U  P  I  N  Y  D  E  R  O  M  Z  A
K  O  N  T  A  K  T  Y  Y  J  F  N  V  N
G  L  O  B  Á  L  N  Y  I  M  N  O  W  C
G  E  Ť  S  O  V  I  T  C  O  P  O  M  I
H  I  S  T  Ó  R  I  A  I  S  I  M  S  E
R  T  O  M  G  A  T  I  N  U  M  O  K  Ť
D  E  R  B  L  T  C  D  V  Ý  Z  V  Y  F
R  D  D  W  W  Á  U  U  U  E  E  V  X  M
X  T  E  A  Y  P  D  Ľ  T  J  F  C  I  G
M  S  T  M  T  A  W  E  N  U  X  T  M  G
G  I  Š  S  M  X  N  F  Ž  A  A  P  F  I
```

DETI
CHARITA
KOMUNITA
KONTAKTY
FINANCIE
FONDY
ŠTEDROSŤ
MLÁDEŽ
GLOBÁLNY

SKUPINY
MISIA
CIELE
POCTIVOSŤ
ĽUDIA
VEREJNOSŤ
VÝZVY
HISTÓRIA

45 - Ecologia

```
P  F  S  U  C  H  O  R  K  Y  B  R  D  U
M  R  A  H  O  R  Y  U  A  N  R  Ô  R  D
O  C  E  U  I  L  A  W  Z  I  P  Z  U  R
R  J  G  Ž  N  R  E  B  Y  L  Č  N  H  Ž
S  O  H  Z  I  A  D  N  R  T  U  O  H  A
K  J  H  M  K  T  R  P  Z  S  X  R  M  T
Ý  F  L  Ó  R  A  I  E  W  A  H  O  F  E
J  Z  X  A  S  R  V  E  B  R  V  D  J  Ľ
P  R  I  R  O  D  Z  E  N  Ý  J  O  D  N
G  L  O  B  Á  L  N  Y  T  J  K  S  P  Ý
K  L  Í  M  A  Z  D  R  O  J  E  Ť  G  F
H  A  B  I  T  A  T  S  E  I  H  Z  A  S
K  O  M  U  N  I  T  Y  P  O  V  A  H  A
V  E  G  E  T  Á  C  I  A  E  V  A  V  F
```

KLÍMA	PRIRODZENÝ
KOMUNITY	MOČIAR
RÔZNORODOSŤ	RASTLINY
FAUNA	ZDROJE
FLÓRA	SUCHO
GLOBÁLNY	PREŽITIE
HABITAT	UDRŽATEĽNÝ
MORSKÝ	DRUH
HORY	VEGETÁCIA
POVAHA	

46 - Discipline Scientifiche

```
L  I  N  G  V  I  S  T  I  K  A  M  T  A
M  A  N  A  T  Ó  M  I  A  A  W  I  E  R
Z  E  F  T  R  V  A  E  N  K  T  N  R  C
L  V  T  G  E  O  L  Ó  G  I  A  E  M  H
G  E  E  E  P  H  I  P  U  N  I  R  O  E
C  G  P  N  O  C  C  F  J  A  M  A  D  O
N  P  M  W  G  R  I  K  E  H  É  L  Y  L
A  I  M  É  H  C  O  I  B  C  H  Ó  N  Ó
O  H  X  O  R  Y  Z  L  R  E  C  G  A  G
E  K  O  L  Ó  G  I  A  Ó  M  B  I  M  I
B  I  O  L  Ó  G  I  A  Y  G  S  A  I  A
F  Y  Z  I  O  L  Ó  G  I  A  I  Y  K  W
P  S  Y  C  H  O  L  Ó  G  I  A  A  A  B
R  N  E  U  R  O  L  Ó  G  I  A  R  O  Y
```

ANATÓMIA	LINGVISTIKA
ARCHEOLÓGIA	MECHANIKA
BIOCHÉMIA	METEOROLÓGIA
BIOLÓGIA	MINERALÓGIA
CHÉMIA	NEUROLÓGIA
EKOLÓGIA	PSYCHOLÓGIA
FYZIOLÓGIA	TERMODYNAMIKA
GEOLÓGIA	

47 - Scienza

```
X K S E I N A V O R O Z O P
G K W N C E D E V B F Y M G
H A P L G M Ó T A H A V O P
H Y L Í F S T R P W V F F U
K G P S X H E C I T S A Č K
C L R O S U M Z I N A G R O
D R Í F T N E M I R E P X E
T Y G M A É V Ý V O J U F Y
Z F U W A W Z J O W A F Y W
F A K T G X Z A R V D G Z P
R P C H E M I C K Ý Ú S I M
L A B O R A T Ó R I U M K I
M O L E K U L Y G H I X A K
I G R A V I T Á C I A J A U
```

ATÓM
CHEMICKÝ
KLÍMA
ÚDAJE
EXPERIMENT
VÝVOJ
FAKT
FYZIKA
FOSÍLNE
GRAVITÁCIA

HYPOTÉZA
LABORATÓRIUM
METÓDA
MOLEKULY
POVAHA
ORGANIZMUS
POZOROVANIE
ČASTICE
VEDEC

48 - Boxe

```
R U K A V I C E V J U Y I L
T M D U G D O E S W F M L A
G Y M L Ý N A P R E Č Y V N
U L E V I J Y O Ú B H D K Á
L L I S G D O K T F P O L E
R L N B U I C W I T K B Y P
O O E Z A M E R A Ť S Ä P J
Z E V B U R E N R X I V D Ť
H K O O R E P Ú S Z P X R E
O A N F W A B O J O V N Í K
D W B W Z L D X C A L P T A
C B O Y H I W A M B A E E L
A A Y Y N S R Ý C H L Y T C
Z R U Č N O S Ť R L B J V X
```

ZRUČNOSŤ	SILA
RÚT	ZAMERAŤ
ROZHODCA	LAKEŤ
SÚPER	RUKAVICE
KOP	BRADA
BELL	PÄSŤ
BOJOVNÍK	BODY
LANÁ	RÝCHLY
TELO	OBNOVENIE
VYČERPANÝ	

49 - Imbarcazioni

```
M  E  F  P  R  A  I  X  J  K  T  J  E  Y
N  O  N  V  I  L  Í  R  P  U  O  N  A  L
Á  R  R  V  E  U  D  O  X  L  Y  T  W  A
M  E  P  E  K  B  Ó  J  A  Y  N  L  V  G
O  Z  R  D  A  O  X  P  O  L  C  K  J  A
R  A  A  Y  T  R  V  E  O  C  M  G  H  D
N  J  F  B  H  K  A  N  O  E  E  Z  C  K
Í  X  T  X  C  F  T  K  F  H  P  Á  Ý  T
K  E  R  S  A  U  K  J  B  L  O  V  N  R
G  I  K  A  J  A  K  Y  N  P  S  N  R  A
S  T  O  Ž  I  A  R  D  C  T  Á  W  O  J
B  H  J  I  Z  X  M  E  R  X  D  G  M  E
H  D  T  D  P  M  O  T  O  R  K  F  Á  K
H  U  S  U  H  H  V  I  D  I  A  V  N  T
```

STOŽIAR	PRÍLIV
KOTVA	NÁMORNÍK
BÓJA	MOTOR
KANOE	NÁMORNÝCH
LANO	OCEÁN
POSÁDKA	VLNY
RIEKA	TRAJEKT
KAJAK	JACHTA
JAZERO	RAFT
MORE	

50 - Chimica

```
K  V  O  A  N  I  L  E  S  Y  K  O  A  H
A  R  Ó  L  H  C  N  J  I  B  Í  R  T  M
T  C  M  K  P  S  Ó  A  Ó  W  D  G  Ó  O
A  P  Z  A  E  E  R  D  N  S  O  A  M  T
L  J  L  L  J  P  T  R  O  P  V  N  O  N
Y  R  G  I  R  Z  K  O  G  J  D  I  V  O
Z  V  Z  C  S  S  E  V  M  V  N  C  Á  S
Á  D  S  K  I  I  L  Ý  K  Ý  N  K  P  Ť
T  C  K  Ý  L  T  E  X  U  U  Z  Ý  G  C
O  H  T  Y  K  V  A  P  A  L  I  N  A  B
R  W  Ľ  O  S  O  H  O  X  Y  Z  Y  E  R
U  H  L  Í  K  L  J  J  G  B  W  L  J  H
V  C  I  U  L  V  Í  A  T  O  L  P  E  T
M  J  U  X  A  L  U  K  E  L  O  M  L  L
```

KYSELINA	VODÍK
ALKALICKÝ	IÓN
ATÓMOVÁ	KVAPALINA
TEPLO	MOLEKULA
UHLÍK	JADROVÝ
KATALYZÁTOR	ORGANICKÝ
CHLÓR	KYSLÍK
ELEKTRÓN	HMOTNOSŤ
ENZÝM	SOĽ
PLYN	TEPLOTA

51 - Api

```
V  D  A  E  E  T  Y  H  O  T  D  P  W  R
K  V  E  T  B  A  E  K  M  Y  D  E  Y  P
Z  X  U  R  J  L  F  N  S  Y  S  Ľ  X  R
T  Á  Ť  S  O  D  O  R  O  N  Z  Ô  R  O
M  U  H  X  R  Í  K  Y  K  O  K  N  L  S
H  L  J  R  R  S  R  T  K  E  R  T  P
O  D  G  E  A  K  O  D  Á  U  I  Y  S  E
V  X  O  P  T  D  V  F  P  Ľ  C  T  E  Š
F  D  I  C  I  T  A  V  T  U  O  E  W  N
M  J  H  B  B  B  M  O  Y  C  V  V  S  Ý
E  E  I  F  A  Ú  Ľ  O  J  N  O  K  N  T
D  D  V  R  H  R  W  R  Y  K  C  N  E  Á
X  L  U  H  J  E  K  O  S  Y  S  T  É  M
X  O  Z  Z  R  A  S  T  L  I  N  Y  W  R
```

KRÍDLA
ÚĽ
PROSPEŠNÝ
VOSK
JEDLO
RÔZNORODOSŤ
EKOSYSTÉM
KVETY
KVET
OVOCIE

DYM
ZÁHRADA
HABITAT
HMYZ
MED
RASTLINY
PEĽ
KRÁĽOVNÁ
ROJ
SLNKO

52 - Strumenti Musicali

```
P  E  R  K  U  S  I  E  B  Z  T  A  A  H
T  K  Í  F  N  Ó  F  O  X  A  S  E  F  A
A  L  V  A  K  B  Ú  R  T  J  N  W  U  R
M  A  A  G  G  S  Z  F  A  V  R  J  N  F
B  R  L  O  O  J  B  U  B  O  N  M  O  A
U  I  K  T  N  O  K  E  K  S  U  L  M  F
R  N  V  R  G  B  T  I  U  F  J  I  L  Z
Í  E  V  T  P  O  Y  E  F  L  A  U  T  A
N  T  P  P  K  H  U  S  L  E  H  G  D  B
A  Z  V  E  T  R  O  M  B  Ó  N  I  T  M
V  I  O  L  O  N  Č  E  L  O  W  T  V  I
H  A  R  M  O  N  I  K  A  M  Z  A  X  R
W  G  I  O  Y  B  C  A  X  I  M  R  F  A
J  W  G  Z  A  N  Í  L  O  D  N  A  M  M
```

HARMONIKA	HOBOJ
HARFA	PERKUSIE
BANJO	KLAVÍR
GITARA	SAXOFÓN
KLARINET	TAMBURÍNA
FAGOT	BUBON
FLAUTA	TRÚBKA
GONG	TROMBÓN
MANDOLÍNA	HUSLE
MARIMBA	VIOLONČELO

53 - Professioni #2

```
L U M B K N I H O V N Í K F
I Č A I K U O C F B D T S O
N I L O W Í D L F F H P D T
G T I L K Í N M U K S Ý V O
V E A Ó J E O D P F E Z Y G
I Ľ R G H I V K A I B Z W R
S Z G R U R I H C R L C Z A
T U F P T E N R S L H O H F
A A C Z E L Á N Y V A Á T O
Z O O L Ó G R Á K E L P Z Z
E Z J I L U S T R Á T O R O
A S T R O N A U T S O D U L
Z U B Á R E I N I Ž N I V I
V Y Š E T R O V A T E Ľ T F
```

ASTRONAUT	INŽINIER
KNIHOVNÍK	UČITEĽ
BIOLÓG	VYNÁLEZCA
CHIRURG	VYŠETROVATEĽ
ZUBÁR	LINGVISTA
FILOZOF	LEKÁR
FOTOGRAF	PILOT
ZÁHRADNÍK	MALIAR
NOVINÁR	VÝSKUMNÍK
ILUSTRÁTOR	ZOOLÓG

54 - Letteratura

```
X A D T K S K P K J X K Z Y
X U I D J I D B K H Z U R V
Z T A A R O F A T E M C C M
X O L T Z A N A L Ó G I A T
P R Ó Š T Ý L R I M I O S É
A O G F N K L D S T L M I M
A N P Z Z C T A C A P Ý P A
C Á E I E I N A N V O R O P
W M K K S T C I O A E E T S
O O B L D E B Á S E Ň V O Z
J R X F R O Z Á N T J Á V H
M X V X W P T I L D M Z I R
R Y T M U S O A R E N Á Ž H
S K O T R A G É D I A K D X
```

ANALÝZA	METAFORA
ANALÓGIA	NÁZOR
ANEKDOTA	BÁSEŇ
AUTOR	POETICKÝ
ŽIVOTOPIS	RÝM
ZÁVER	RYTMUS
POROVNANIE	ROMÁN
POPIS	ŠTÝL
DIALÓG	TÉMA
ŽÁNER	TRAGÉDIA

55 - Cibo #2

```
K M G A H I B L X E V J C P
A P O H R Y S A Ž Y R A P A
H U B A O E B G N G Y B Y R
N K J T Z U L A G Á X L W A
W W Y C N S C E E K N K V D
A Z O C O I Č Z Z U K O U A
C H L I E B I E Y R O H R J
I P J O G U R T R A S V N K
L Š L A R W J Z C E Y T O A
O E Č O K O L Á D A Š L X K
K N Á Ž A L K A B M N Ň I N
O I V I K M U F N B C A A U
R C E J A V G R I I T M P Š
B A M B J A G S S U C A G E
```

BANÁN
BROKOLICA
ČEREŠŇA
ČOKOLÁDA
SYR
HUBA
PŠENICA
KIVI
JABLKO
BAKLAŽÁN

CHLIEB
RYBY
KURA
PARADAJKA
ŠUNKA
RYŽA
ZELER
VAJEC
HROZNO
JOGURT

56 - Nutrizione

```
C  P  J  R  T  K  W  B  O  A  X  B  V  W
E  I  E  I  N  E  V  Á  R  T  B  F  Y  B
S  S  D  V  M  D  R  A  X  K  C  K  V  D
C  U  L  P  U  I  I  K  L  W  A  F  Á  F
E  H  É  Z  C  É  D  Č  L  I  A  F  Ž  K
J  A  U  Y  K  T  K  Á  M  Z  T  U  E  O
Ť  V  I  Ť  V  A  M  M  Y  H  J  A  N  R
S  I  X  C  A  B  O  O  F  M  E  J  Ý  E
O  T  J  B  S  K  A  L  Ó  R  I  E  X  N
N  A  B  V  E  I  V  A  R  D  Z  R  K  I
T  M  A  Y  N  I  T  U  K  E  T  S  O  E
O  Í  Y  D  I  R  A  H  C  A  S  L  Z  E
M  N  A  C  E  T  O  X  Í  N  Í  V  I  Ž
H  O  R  K  Ý  V  A  R  D  Z  Y  H  R  X
```

HORKÝ	ŽIVÍN
CHUŤ	HMOTNOSŤ
VYVÁŽENÝ	KVALITA
KALÓRIE	OMÁČKA
SACHARIDY	ZDRAVIE
JEDLÉ	ZDRAVÝ
DIÉTA	KORENIE
TRÁVENIE	TOXÍN
KVASENIE	VITAMÍN
TEKUTINY	

57 - Matematica

```
W  G  R  O  V  N  O  B  E  Ž  N  Í  K  M
D  J  E  C  F  F  O  R  E  M  O  L  O  P
S  E  I  O  N  Á  M  E  S  T  I  E  M  P
Ú  A  S  I  M  J  Ý  M  L  O  K  G  N  A
Č  R  P  A  L  E  D  E  D  G  L  S  O  R
E  I  K  T  T  W  T  I  K  M  D  Y  H  A
T  T  M  N  D  I  C  R  T  K  I  M  O  L
U  M  Z  E  B  R  N  P  I  U  V  E  U  E
H  E  C  N  B  S  G  N  H  A  Í  T  H  L
L  T  K  O  M  O  L  Z  É  M  Z  R  O  N
Y  I  V  P  B  J  B  K  A  V  I  I  L  Ý
L  K  N  X  H  V  G  P  Y  G  A  A  N  S
U  A  F  E  Y  B  O  Z  Z  Y  R  N  Í  Z
R  O  V  N  I  C  E  D  S  C  Z  E  K  R
```

UHLY	PARALELNÝ
ARITMETIKA	ROVNOBEŽNÍK
DESATINNÉ	OBVOD
PRIEMER	KOLMÝ
DIVÍZIA	MNOHOUHOLNÍK
ROVNICE	NÁMESTIE
EXPONENT	POLOMER
ZLOMOK	SYMETRIA
GEOMETRIA	SÚČET

58 - Meditazione

```
E  C  M  W  Y  K  N  E  I  L  Š  Y  M  P
M  N  J  I  J  U  A  I  E  B  F  T  E  O
Ó  X  N  B  S  Y  C  D  F  Y  L  R  N  Z
C  Ľ  E  S  Y  M  V  F  D  Y  G  C  T  O
I  E  I  N  A  H  C  Ý  D  C  N  O  Á  R
E  N  I  J  Ť  S  O  N  S  A  J  G  L  N
Z  A  V  Í  T  K  E  P  S  R  E  P  N  O
M  P  P  O  V  A  H  A  Ú  A  E  L  Y  S
I  O  L  H  T  B  X  Z  C  L  K  L  D  Ť
E  K  S  C  I  D  A  E  I  T  S  A  Ť  Š
R  O  T  I  Z  U  E  I  T  A  J  I  R  P
O  J  W  T  J  H  V  Ď  A  Č  N  O  S  Ť
H  N  L  W  P  L  Á  S  K  A  V  O  S  Ť
P  Ý  P  O  Z  O  R  O  V  A  N  I  E  G
```

PRIJATIE
POZORNOSŤ
POKOJNÝ
JASNOSŤ
SÚCIT
EMÓCIE
ŠŤASTIE
LÁSKAVOSŤ
VĎAČNOSŤ
MENTÁLNY

MYSEĽ
POHYB
HUDBA
POVAHA
POZOROVANIE
MIER
MYŠLIENKY
PERSPEKTÍVA
DÝCHANIE
TICHO

59 - Elettricità

```
W W O L T Ť O F K I L P R D
P E S A E E K Á B E L R L Y
E P O M N I L N P X Y E X N
Z L C P G S P E O W F D T V
Á B E A A M W K F X Z M A Í
S A L K M J B I J Ó X E B T
U T A Y T Ô R D T C N T S A
V É S G E R O T Á R E N E G
K R E H H R I W I D G L I E
A I R G A T H K W S I D D N
T A S J V J P J Á P P O D T
P O Z I T Í V N Y R I J V O
L R C Z A R I A D E N I E C
M E M C E L E K T R I C K Ý
```

ZARIADENIE
BATÉRIA
KÁBEL
ELEKTRIKÁR
ELEKTRICKÝ
DRÔTY
GENERÁTOR
LAMPA

LASER
MAGNET
NEGATÍVNY
PREDMET
POZITÍVNY
ZÁSUVKA
SIEŤ
TELEFÓN

60 - Antiquariato

```
M  N  L  L  W  Z  O  V  V  V  Š  M  B  D
I  E  E  O  D  M  Z  O  Ý  Y  R  T  N  N
N  O  X  X  Z  P  T  Y  N  N  E  F  Ý  O
C  B  D  B  R  U  K  O  T  Y  B  Á  N  L
E  V  E  Ý  K  C  I  T  N  E  T  U  A  N
S  Y  S  D  E  K  O  R  A  T  Í  V  N  Y
N  K  A  H  C  O  S  C  G  V  S  T  A  V
G  L  Ť  I  C  E  N  A  E  K  O  B  P  W
A  Ý  R  C  C  V  S  B  L  R  X  N  Z  S
L  F  O  U  T  K  L  G  E  C  C  M  B  A
É  H  Č  N  Y  L  U  U  M  E  N  I  E  O
R  A  I  C  K  F  P  A  T  I  L  A  V  K
I  Z  A  T  O  N  D  O  H  O  H  V  R  D
A  S  T  O  R  O  Č  I  E  S  T  A  R  Ý
```

UMENIE
AUKCIA
AUTENTICKÝ
STAV
DESAŤROČIA
DEKORATÍVNY
ELEGANTNÝ
GALÉRIA
NEOBVYKLÝ
NÁBYTOK

MINCE
CENA
KVALITA
OBNOVA
SOCHA
STOROČIE
ŠTÝL
HODNOTA
STARÝ

61 - Escursionismo

```
S  P  H  X  R  P  W  U  N  A  V  E  N  Ý
U  T  H  T  I  O  K  N  L  S  P  P  V  K
M  P  P  Z  C  Č  D  E  S  X  T  A  U  Ž
M  V  R  C  H  A  D  I  V  O  K  Ý  M  A
I  P  H  P  W  S  A  V  K  Ú  P  K  U  Ť
T  Z  A  W  E  I  P  O  A  T  V  O  S  L
B  A  Z  R  Y  E  R  D  M  E  M  M  C  P
W  Z  J  V  K  C  Í  A  E  S  G  Á  V  D
V  T  Z  S  Y  Y  P  T  N  F  V  R  R  W
X  H  Z  W  T  M  R  U  E  Z  C  E  F  Z
P  J  E  X  V  Ž  A  K  P  O  V  A  H  A
Á  T  A  R  E  I  V  Z  E  H  C  O  F  Z
T  T  H  I  O  Č  A  C  Y  M  T  B  W  D
K  L  Í  M  A  D  R  B  P  J  P  V  I  E
```

VODA
ZVIERATÁ
KEMP
KLÍMA
MAPA
POČASIE
VRCH
POVAHA
PARKY
ŤAŽKÝ

KAMENE
PRÍPRAVA
ÚTES
DIVOKÝ
SLNKO
UNAVENÝ
ČIŽMY
SUMMIT
KOMÁRE

62 - Professioni #1

```
E  W  U  P  W  K  I  N  V  Á  R  P  A  X
D  A  M  D  H  A  X  Y  U  Z  É  N  S  F
I  R  E  N  É  R  T  G  R  T  T  U  T  M
T  Á  L  H  E  T  E  F  S  L  A  T  R  T
O  K  E  C  Z  S  C  E  V  O  L  X  O  H
R  N  C  E  D  E  V  K  X  A  A  E  N  U
U  A  K  T  N  S  G  R  R  Z  T  H  Ó  D
Y  B  V  H  X  B  E  Ó  L  Z  Š  O  M  O
X  H  V  Ľ  V  Y  S  L  A  N  E  C  B
P  S  Y  C  H  O  L  Ó  G  O  I  L  R  N
K  L  E  N  O  T  N  Í  K  P  E  S  S  Í
Y  C  L  E  K  Á  R  N  I  K  X  G  M  K
X  W  A  J  P  K  A  R  T  O  G  R  A  F
J  N  D  F  A  T  A  N  E  Č  N  Í  K  T
```

TRÉNER	EDITOR
VEĽVYSLANEC	LEKÁRNIK
UMELEC	GEOLÓG
ASTRONÓM	KLENOTNÍK
PRÁVNIK	INŠTALATÉR
TANEČNÍK	SESTRA
BANKÁR	HUDOBNÍK
LOVEC	PSYCHOLÓG
KARTOGRAF	VEDEC

63 - Antartide

```
I  T  R  Y  R  Y  V  O  W  K  P  V  Z  B
O  Z  Y  H  O  K  D  E  C  H  D  O  Á  M
G  E  O  G  R  A  F  I  A  H  D  D  L  N
Ý  I  D  M  S  L  V  L  R  J  R  A  I  T
T  W  T  N  Y  B  Y  R  Ľ  E  V  A  V  H
A  E  M  U  P  O  C  Y  Y  P  M  O  N  U
N  Y  P  I  O  S  T  R  O  V  Y  O  O  A
L  C  E  L  N  V  E  D  E  C  K  Ý  J  G
A  J  O  X  O  E  C  V  O  D  A  Ľ  N  W
K  T  B  P  K  T  R  W  Y  A  J  C  O  O
S  M  T  W  P  L  A  Á  Z  Ľ  O  E  X  T
M  I  G  R  Á  C  I  A  L  W  E  E  S  N
E  X  P  E  D  Í  C  I  A  Y  S  E  C  X
K  O  N  T  I  N  E  N  T  H  F  Y  I  Z
```

VODA	OSTROVY
ZÁLIV	MIGRÁCIA
VEĽRYBY	MINERÁLY
OCHRANA	OBLAKY
KONTINENT	SKALNATÝ
GEOGRAFIA	VEDECKÝ
ĽADOVCE	EXPEDÍCIA
ĽAD	TEPLOTA

64 - Libri

```
P  F  H  L  P  O  É  Z  I  A  Z  S  P  X
K  R  E  A  I  R  É  S  A  B  S  T  A  I
Ý  G  Í  K  Z  T  H  N  Á  M  O  R  V  Y
V  C  T  S  A  H  E  B  Í  R  P  A  Z  E
A  E  S  G  L  O  R  R  I  K  E  N  F  E
Z  U  S  S  D  U  D  S  Á  O  W  A  R  G
E  B  T  D  Z  H  Š  U  V  R  T  H  X  N
I  T  I  Ľ  T  Y  S  N  H  L  N  Y  L  J
L  T  X  E  T  N  O  K  Ý  F  E  Y  K  D
A  A  S  T  R  P  Í  S  A  N  Ý  E  D  I
N  U  X  A  Ý  K  C  I  R  O  T  S  I  H
Y  T  A  T  I  L  A  U  D  X  C  L  Y  S
V  O  T  I  T  R  A  G  I  C  K  Ý  M  T
C  R  C  Č  A  V  Á  R  P  Z  O  R  O  C
```

AUTOR	STRANA
ZBIERKA	POÉZIA
KONTEXT	PRÍSLUŠNÝ
DUALITA	ROMÁN
EPOS	PÍSANÝ
VYNALIEZAVÝ	SÉRIA
LITERÁRNY	PRÍBEH
ČITATEĽ	HISTORICKÝ
ROZPRÁVAČ	TRAGICKÝ

65 - Geografia

```
K O N T I N E N T U F M P O
K M Ó S J R R U P Z Á P A D
R E I V U Y O T V J S V K P
A S G E H Z M S A L T A Š O
J T E T U L A M P K X N Ý L
I O R K K T N M A M E H V U
N X D N X Y W D M K L I O D
A H E M I S F É R A F X R N
Ú Z E M I E X J J H C C T Í
O N G N L O G I T U D E S K
B C M U W B Z V T V Z U O E
F O E S A J A H R S E V E R
M S F Á Y A Y L R C S M C H
W W R K N N H X O R H F Y S
```

ATLAS
MESTO
KONTINENT
VÝŠKA
HEMISFÉRA
RIEKA
OSTROV
LOGITUDE
MAPA
MORE

POLUDNÍK
SVET
VRCH
SEVER
OCEÁN
ZÁPAD
KRAJINA
REGIÓN
JUH
ÚZEMIE

66 - Cibo #1

```
I  J  B  M  E  R  I  F  D  L  I  O  M  F
L  A  T  R  O  T  T  V  T  B  Z  U  J  E
N  H  V  K  A  N  S  E  C  W  K  H  A  R
J  O  U  V  K  Ľ  Z  L  K  U  V  T  Č  V
F  D  H  A  A  O  U  Š  Ť  A  V  A  M  P
T  A  R  K  V  S  E  B  Y  G  C  M  E  S
G  C  U  Z  K  N  J  Z  I  X  I  Ä  Ň  Š
T  I  Š  O  M  Y  Y  J  A  C  T  S  V  A
N  R  K  A  I  N  U  T  Z  H  R  O  I  L
R  O  A  M  Ä  T  A  W  Á  Z  Ó  V  X  Á
O  K  E  I  L  M  C  E  W  N  N  F  U  T
K  Š  S  S  C  B  Z  S  C  N  E  T  B  Y
U  O  J  M  P  G  E  O  H  E  E  P  M  U
C  Y  B  A  Z  A  L  K  A  K  Y  K  Š  Y
```

CESNAK	MÄTA
BAZALKA	JAČMEŇ
ŠKORICA	HRUŠKA
MÄSO	KVAKA
MRKVA	SOĽ
CIBUĽA	ŠPENÁT
JAHODA	ŠŤAVA
ŠALÁT	TUNIAK
MLIEKO	TORTA
CITRÓN	CUKOR

67 - Etica

```
R A C I O N A L I T A K Z D
D I P L O M A T I C K Ý S Ô
K Z S S P O L U P R Á C A S
F A Ý R E A L I Z M U S I T
B E N E V O L E N T N Ý C O
F K M Ľ U D S T V O I Z N J
J S U M Z I U R T L A Z A N
W D Z P O C T I V O S Ť R O
X X O I N T E G R I T A E S
N Z R N Ť S O V A K S Á L Ť
T R P E Z L I V O S Ť K O T
O P T I M I Z M U S K J T N
F I L O Z O F I A M T M K H
S Ú C I T D Y P Ú C T I V Ý
```

ALTRUIZMUS
BENEVOLENTNÝ
SÚCIT
SPOLUPRÁCA
DÔSTOJNOSŤ
DIPLOMATICKÝ
FILOZOFIA
LÁSKAVOSŤ
INTEGRITA

POCTIVOSŤ
OPTIMIZMUS
TRPEZLIVOSŤ
ROZUMNÝ
RACIONALITA
REALIZMUS
ÚCTIVÝ
TOLERANCIA
ĽUDSTVO

68 - Aeroplani

```
P  O  V  T  S  Ž  U  R  D  O  R  B  O  D
V  A  Z  O  A  A  R  O  I  A  X  D  N  G
O  B  L  L  I  L  Z  T  Z  J  K  C  C  V
D  E  K  I  P  V  N  O  A  K  Š  Ý  V  Z
Í  N  N  P  V  T  F  M  J  A  R  O  P  D
K  Z  C  M  V  O  N  K  N  K  W  J  N  U
Z  O  S  T  U  P  D  V  B  A  L  Ó  N  C
S  M  E  R  N  A  V  I  G  O  V  A  Ť  H
P  R  I  S  T  Á  T  I  E  O  A  L  B  P
K  O  N  Š  T  R  U  K  C  I  A  I  N  U
H  I  S  T  Ó  R  I  A  J  K  U  C  F  I
C  L  E  Y  W  W  P  O  S  Á  D  K  A  P
A  T  M  O  S  F  É  R  A  H  N  B  H  A
C  E  S  T  U  J  Ú  C  I  A  C  V  E  H
```

VÝŠKA	ZOSTUP
VZDUCH	POSÁDKA
ATMOSFÉRA	VODÍK
PRISTÁTIE	MOTOR
DOBRODRUŽSTVO	NAVIGOVAŤ
PALIVO	BALÓN
NEBA	CESTUJÚCI
KONŠTRUKCIA	PILOT
DIZAJN	HISTÓRIA
SMER	

69 - Governo

```
N O K Á Z X H K F O P J E E
Ý E Ú S T A V A D O B O L S
N J Z F H K J T R A V L N Z
D Á X Á D I M J U P R O W X
O S R O V T S N A I Č B O M
R Ú S O A I C A R K O M E D
Á D N Z D L S E R K O Y C X
N N O B E O A L W Y D S B U
L Y R E Č P T T O Y L O V G
P V W R A I S U K S I D V Š
O B Č I A N S K Y H Ť J O T
A Y P A M Ä T N Í K U P D Á
R O V N O S Ť F W O U K C T
S F R U K M N K K S C L A P
```

VODCA
OBČIANSTVO
OBČIANSKY
ÚSTAVA
DEMOKRACIA
REČ
DISKUSIA
SÚDNY
NEZÁVISLOSŤ
ZÁKON

SLOBODA
PAMÄTNÍK
NÁRODNÝ
NÁROD
POLITIKA
OKRES
SYMBOL
ŠTÁT
ROVNOSŤ

70 - Bellezza

```
V N X O R A Č S F Z I E U P
G F S H Ú A Ť S O L I M L C
V Z W U Ž A K I T E M Z O K
E F F C P Ž S Z O Š M B G L
B L J L X O L R G A A Ň Ô V
Y R E Č U K U K E M S S O Y
S X M G B J Ž A N P K F J D
T U Y T A Z B D I Ó A B S D
Y G D U B N Y L C N R F S X
L E D Y R H C O K B A J V V
I W G W A D I I Ý K D A L H
S O T K F G U F A S N N R I
T B O L E J E N O Ž N I C E
A P R O D U K T Y W U H H N
```

FARBA
KOZMETIKA
ELEGANCIA
ČARO
NOŽNICE
FOTOGENICKÝ
VÔŇA
MILOSŤ
HLADKÝ
MASKARA

OLEJE
KOŽA
PRODUKTY
KUČERY
RÚŽ
SLUŽBY
ŠAMPÓN
ZRKADLO
STYLISTA

71 - Avventura

```
P V P A J S H V Č K E J S B
H R D O W U P Ý I R F G T E
S Z I B V B G Z N Á N L A Z
N F E A N A N V N S K H T P
W N R Z T A H Y O A T Ť O E
X J Á U P E V A S G I S Č Č
S X R W R A L I Ť Ý V O N N
C I E Ľ Í H X I G N H N O O
Z E N W P A F H A Á X Ž S S
V A I Z R U K X E R C A Ť Ť
Y X T Y A Y B O C Y F I V N
C J I C V O I S Y V V T A C
Ť S O D A R L C W E C B F E
P O A D F Ý L K Y V B O E N
```

PRIATELIA
ČINNOSŤ
KRÁSA
STATOČNOSŤ
CIEĽ
OBTIAŽNOSŤ
EXKURZIA
RADOSŤ

NEOBVYKLÝ
ITINERÁR
POVAHA
NAVIGÁCIA
NOVÝ
PRÍPRAVA
VÝZVY
BEZPEČNOSŤ

72 - Forme

```
O C N Z O P Y R A M Í D A M
W B N D X L L I N K A A R N
S M D J R F V Ľ E Ž U K É O
B S G Ĺ E Z R R L G T V F H
Z Y X C Ž S K P I T C I S O
I M S E E N S D P K A R H U
T A E T W I I T S O H K Y H
V U H D Z N S K A S R O P O
M A N A R T S L K T A V E L
S M L J M O J U C P N Á R N
P V T E R G B D O H O L B Í
C Y X G C Y M L K U L E O K
O K R A J E B T Ú R G I L N
N Á M E S T I E A K H D A J
```

RÚT	STRANA
OBLÚK	LINKA
OKRAJE	OVÁL
KRUH	PYRAMÍDA
VALEC	MNOHOUHOLNÍK
KUŽEĽ	HRANOL
KOCKA	NÁMESTIE
KRIVKA	OBDĹŽNIK
ELIPSA	SFÉRA
HYPERBOLA	

73 - Oceano

```
P A K R Ú B A S Ž G S O Y S
V R N O M M Y T R M K V T T
E O Í K R Z F V A Z Ú D E M
Ľ H F L B A R K L U T A V G
R Ú L I I Z L Y O S U K E S
Y S E T Ú V L O K T N Č R A
B O D W E U X T V R I A K U
A D A A E X V O G I A N S R
A C I N T O B O H C K T H H
W L L F C M Z J Z E Z Y I U
P F W T D I S I C V L R W B
C L E N V L N Y B Y R O X K
D E Y W G R G S I X M K Ď A
S O Ľ C W N O U N D O Y E C
```

ÚHOR	USTRICE
VEĽRYBA	RYBY
LOĎ	CHOBOTNICA
KORALOV	SOĽ
DELFÍN	ÚTES
KREVETY	HUBKA
KRAB	ŽRALOK
PRÍLIV	KORYTNAČKA
MEDÚZA	BÚRKA
VLNY	TUNIAK

74 - Famiglia

```
H M E O E C C O D X U N A U
S A T K U E G T C N I U S J
E N N X N P H E É X O T C I
S Ž T N D L M C R N K L E H
T E A E P J Á T A Č J O V D
R L Z O T D I E Ť A C D O O
A K T A M A A P U D E F N T
D E D E T S T V O T N T Y C
E I H T G M O D B R A T S O
D T B A B I Č K A D R K U V
K A B Y A G Z R W C T A I S
O M R Y A K L E Ž N A M Y K
P R E D O K U W L Z R P Y É
S T R Ý K O U Y G O B V Y L
```

PREDOK	MATIEK
DETI	MANŽELKA
DIEŤA	SYNOVEC
BRATRANEC	BABIČKA
DCÉRA	DEDKO
BRAT	OTEC
DVOJČATÁ	OTCOVSKÉ
DETSTVO	SESTRA
MATKA	TETA
MANŽEL	STRÝKO

75 - Creatività

```
K X T T L Z R U Č N O S Ť I
U M E L E C K Ý F X M L S N
C U H F D V I T A L I T A T
X K O Z Á R B O J T U Y W U
Ť S O V I V A T S D E R P Í
H F Y L Y V V M H S J P V C
J A S N O S Ť V A E G G Ý I
P L Y N U L O S Ť T E Z R A
D E D H J P V Y L F I R A Z
O R A Ť S O V A R P C C Z J
J P P J S C W I A O Ó Y K R
E A Á I X I J M M O M B J Ý
M F N Y U T V Í Z I E W M B
U V Y N A L I E Z A V Ý X X
```

ZRUČNOSŤ	PREDSTAVIVOSŤ
UMELECKÝ	OBRÁZOK
PRAVOSŤ	DOJEM
JASNOSŤ	INTUÍCIA
DRAMATICKÝ	VYNALIEZAVÝ
EMÓCIE	POCIT
VÝRAZ	VÍZIE
PLYNULOSŤ	VITALITA
NÁPADY	

76 - Veicoli

```
R A F T Y K I T A M U E N P
P V H W N Y A T R A K T O R
K V G M H N B R M O T O R D
T T P K E I C N A L U B M A
D T A X I T U I S V D T H P
N O A U T O R R G N Á N C O
T R A J E K T O V H G N A N
N Á K L A D N É A U T O A O
S X H D B L I E T A D L O R
K I M V W V R T U Ľ N Í K K
Ú L O H R A K E T A X C H A
T W E B E B I C Y K E L I C
E Y A U T O B U S S I G X K
R M Y J L O Ď V L A K K L X
```

LIETADLO
AMBULANCIE
AUTO
AUTOBUS
LOĎ
BICYKEL
NÁKLADNÉ AUTO
KARAVÁNA
VRTUĽNÍK
METRO

MOTOR
PNEUMATIKY
RAKETA
SKÚTER
PONORKA
TAXI
TRAJEKT
TRAKTOR
VLAK
RAFT

77 - Emozioni

```
P  S  Y  A  I  V  B  J  K  I  J  B  F  H
O  Ť  T  Ý  N  E  Š  D  A  N  O  P  C  O
K  S  M  R  M  N  G  K  B  U  J  R  Y  X
O  O  A  I  A  H  Y  M  Ť  D  P  E  Z  Y
J  D  M  G  E  C  S  N  S  A  I  K  W  C
N  A  H  M  S  R  H  Z  O  K  P  V  O  S
Ý  R  E  L  I  É  F  G  N  S  G  A  B  P
Ý  N  E  Ľ  O  V  U  E  Á  Y  P  S  O
S  M  Ú  T  O  K  L  Ď  Ž  L  Z  E  A  K
S  Y  M  P  A  T  I  E  A  O  H  N  H  O
E  H  T  T  C  G  W  W  L  Č  A  I  K  J
F  U  M  O  H  D  X  L  B  U  N  E  H  N
L  Á  S  K  A  V  O  S  Ť  O  W  Ý  L  Ý
P  O  K  O  J  I  D  T  P  N  E  H  A  X
```

LÁSKA	STRACH
BLAŽENOSŤ	HNEV
POKOJNÝ	UVOĽNENÝ
OBSAH	RELIÉF
NADŠENÝ	SYMPATIE
LÁSKAVOSŤ	SPOKOJNÝ
RADOSŤ	PREKVAPENIE
VĎAČNÝ	NEHA
NUDA	POKOJ
MIER	SMÚTOK

78 - Natura

```
Ľ  T  V  Á  T  A  R  E  I  V  Z  W  H  E
R  A  K  Ý  T  D  G  S  S  Č  U  R  U  V
I  S  D  K  U  C  V  C  L  E  T  P  B  J
E  Á  W  O  F  I  L  H  H  L  L  Ú  A  W
K  R  X  V  V  C  M  Í  H  Y  E  Š  R  J
A  K  H  I  K  E  S  R  S  T  S  Ť  K  D
I  M  N  D  B  Y  C  E  Y  T  F  U  T  Y
T  R  O  P  I  C  K  Ý  R  L  I  L  I  N
H  M  L  A  A  M  J  N  O  Ó  F  E  C  A
S  V  Ä  T  Y  Ň  A  J  H  R  Z  N  K  M
I  G  U  W  S  J  K  O  C  J  U  I  Ý  I
W  H  F  O  E  C  Y  K  A  L  B  O  A  C
Y  N  L  Á  T  I  V  O  S  L  H  S  K  K
C  K  L  I  Ú  P  O  P  O  B  E  M  Z  Ý
```

ZVIERATÁ	ĽADOVEC
VČELY	HORY
ARKTICKÝ	HMLA
KRÁSA	OBLAKY
PÚŠŤ	SVÄTYŇA
DYNAMICKÝ	ÚTESY
ERÓZIA	DIVOKÝ
RIEKA	POKOJNÝ
LÍSTIE	TROPICKÝ
LES	VITÁLNY

79 - Balletto

```
Y  Y  S  Ý  G  S  D  X  F  G  I  O  T  Z
S  T  Y  K  A  D  V  N  O  V  N  R  A  R
V  P  W  C  Ú  K  L  Ý  T  Š  T  C  N  U
A  O  B  E  R  Š  R  N  S  O  E  H  E  Č
L  T  A  L  Y  B  K  B  E  A  N  E  Č  N
Y  L  N  E  T  V  M  A  G  G  Z  S  N  O
W  E  Í  M  M  S  T  V  N  V  I  T  Í  S
B  S  R  U  U  C  M  Ô  I  I  T  E  C  Ť
X  K  E  K  S  V  R  P  V  H  A  R  I  T
S  K  L  A  D  A  T  E  Ľ  G  F  X  I  B
E  U  A  P  K  W  R  L  H  U  D  B  A  P
L  S  B  R  E  X  P  R  E  S  Í  V  N  Y
A  I  F  A  R  G  O  E  R  O  H  C  X  V
M  D  J  X  P  U  B  L  I  K  U  M  L  F
```

ZRUČNOSŤ	INTENZITA
POTLESK	SVALY
UMELECKÝ	HUDBA
BALERÍNA	ORCHESTER
TANEČNÍCI	PRAX
SKLADATEĽ	SKÚŠKA
CHOREOGRAFIA	PUBLIKUM
EXPRESÍVNY	RYTMUS
GESTO	ŠTÝL
PÔVABNÝ	

80 - Paesi #1

```
Y  P  F  A  P  Z  J  J  O  O  W  N  K  C
V  B  U  P  O  K  C  E  M  E  N  Ó  A  B
D  X  S  F  Ľ  C  A  B  T  A  V  R  M  R
B  D  O  W  S  K  N  R  H  O  E  S  B  A
F  E  D  L  K  G  U  B  I  W  N  K  O  Z
M  P  S  X  O  I  N  D  I  A  E  O  D  Í
Š  P  A  N  I  E  L  S  K  O  Z  K  Ž  L
F  Í  N  S  K  O  A  C  H  R  U  O  A  I
I  L  A  M  H  I  G  M  R  W  E  R  I  A
F  H  Í  N  G  H  E  O  A  G  L  A  Z  P
H  B  J  B  H  I  N  T  F  N  A  M  R  V
A  F  T  P  Y  G  E  R  A  D  A  N  A  K
A  X  R  S  V  A  S  K  L  C  G  P  E  G
R  U  M  U  N  S  K  O  L  T  W  J  L  N
```

BRAZÍLIA	MALI
KAMBODŽA	MAROKO
KANADA	NÓRSKO
EGYPT	PANAMA
FÍNSKO	POĽSKO
NEMECKO	RUMUNSKO
INDIA	SENEGAL
IRAK	ŠPANIELSKO
IZRAEL	VENEZUELA
LÍBYA	

81 - Geometria

```
K  R  I  V  K  A  K  Š  Ý  V  U  K  B  L
Y  S  Y  M  E  T  R  I  A  D  H  R  C  O
L  R  O  S  R  R  T  B  J  R  O  U  Z  G
H  P  G  V  E  Č  L  E  F  M  L  H  P  I
C  U  O  Y  M  G  Í  P  Ó  K  G  X  A  K
R  O  Z  M  E  R  M  S  V  R  V  D  R  A
V  V  H  C  I  P  E  E  L  X  I  I  A  P
O  G  X  G  R  L  L  B  N  O  M  A  L  O
P  P  C  A  P  V  D  N  T  T  E  P  E  D
V  E  R  T  I  K  Á  L  N  Y  D  I  L  I
K  A  L  K  U  L  Á  C  I  A  I  T  N  E
X  A  I  A  P  A  J  Y  U  Z  Á  A  Ý  L
D  G  R  N  C  R  G  E  C  I  N  V  O  R
T  R  O  J  U  H  O  L  N  Í  K  Z  T  X
```

VÝŠKA
UHOL
KALKULÁCIA
KRUH
KRIVKA
PRIEMER
ROZMER
ROVNICE
LOGIKA
MEDIÁN

ČÍSLO
PARALELNÝ
PODIEL
SEGMENT
SYMETRIA
POVRCH
TEÓRIA
TROJUHOLNÍK
VERTIKÁLNY

82 - Foresta Pluviale

```
Ú  N  K  Y  B  K  L  Í  M  A  Z  V  T  J
T  B  O  C  E  N  N  Ý  D  M  A  T  E  B
O  K  M  D  J  O  V  H  O  M  C  Á  P  O
Č  N  U  W  V  K  O  K  M  D  H  K  K  T
I  F  N  P  H  M  Y  Z  O  Ž  O  Y  I  A
S  Z  I  M  O  H  O  L  R  U  V  E  F  N
K  X  T  M  A  V  Z  C  O  N  A  I  S  I
O  E  A  F  B  C  A  S  D  G  N  T  O  C
O  B  L  A  K  Y  H  H  Ý  L  I  I  B  K
M  W  G  R  B  C  G  Y  A  E  E  Ž  N  Ý
R  V  N  A  Y  C  I  C  A  V  C  E  O  H
D  R  U  H  H  B  G  R  Z  T  O  R  V  G
R  Ô  Z  N  O  R  O  D  O  S  Ť  P  A  S
O  B  O  J  Ž  I  V  E  L  N  Í  K  Y  U
```

OBOJŽIVELNÍKY   POVAHA
BOTANICKÝ   OBLAKY
KLÍMA   ZACHOVANIE
KOMUNITA   CENNÝ
RÔZNORODOSŤ   OBNOVA
DŽUNGLE   ÚTOČISKO
DOMORODÝ   PREŽITIE
HMYZ   DRUH
CICAVCE   VTÁKY
MACH

83 - Edifici

```
U N I V E R Z I T A O S D A
N E M O C N I C A P B U M H
Ó A R L M U E Z Ú M S P T O
I L U H Z A Y S C U E E O S
D O C T P F D B F I R R V T
A D B Y T K A J F R V M Á E
T O H O T E L R M Ó A A R L
Š T L K N R P K M T T R E J
V S Y D A H C I K A Ó K Ň A
Š K O L A B G N L R R E F H
S T A N Ž V Í O A O I T I B
H R A D E Y I N P B U S Z T
T O Y O V I W D A A M X L V
P F O M X N B K S L N F R U
```

BYT	NEMOCNICA
KABÍNA	OBSERVATÓRIUM
HRAD	HOSTEL
KINO	ŠKOLA
TOVÁREŇ	ŠTADIÓN
FARMA	SUPERMARKET
STODOLA	DIVADLO
HOTEL	STAN
LABORATÓRIUM	VEŽA
MÚZEUM	UNIVERZITA

84 - Paesi #2

```
J U I W U H M D G V V U B U
B A I P Ó I T E X X I B G G
E I M R U S K O X Y G S H A
E R O A H A I T I I K Y X N
F Ý K M J I I Z M E K S S D
F S C N Y K S R X X F O U A
U O É N T G A C É L A A D V
U K R A J I N A F B Z L Á D
D S G N E P Á L Z K I J N Á
I N D O N É Z I A R G L S N
J Á P A K I S T A N U M Z S
G B H N I G É R I A V G Y K
A L Z G J A P O N S K O L O
G A Í R S K O V X R U F H U
```

ALBÁNSKO
DÁNSKO
ETIÓPIA
JAMAJKA
JAPONSKO
GRÉCKO
HAITI
INDONÉZIA
ÍRSKO
LAOS

LIBÉRIA
MEXIKO
NEPÁL
NIGÉRIA
PAKISTAN
RUSKO
SÝRIA
SUDÁN
UKRAJINA
UGANDA

85 - Tipi di Capelli

```
K  U  B  A  T  K  C  E  F  J  U  H  J  P
H  R  J  G  O  I  U  H  N  I  H  L  M  M
P  R  Á  D  E  Š  C  Č  M  E  J  A  Ä  H
Z  Ý  L  T  T  C  J  V  E  Z  L  D  K  B
L  D  O  Z  K  A  B  N  C  R  O  K  K  I
P  E  R  W  W  Y  V  E  N  D  A  Ý  Ý  E
L  N  B  A  F  A  R  E  B  N  É  V  U  L
E  H  E  T  V  B  L  O  N  D  K  X  Ý  Y
T  M  I  B  F  Ý  B  U  R  H  T  E  H  G
E  E  R  M  L  K  E  L  P  P  T  I  L  S
N  T  T  H  Y  N  R  E  I  Č  P  P  D  T
É  W  S  S  K  E  K  U  Č  E  R  Y  R  A
G  I  K  O  G  T  V  R  K  Ô  Č  I  K  Y
P  L  E  Š  A  T  Ý  H  C  U  S  W  P  Y
```

STRIEBRO	DLHÝ
SUCHÝ	HNEDÝ
BIELY	MÄKKÝ
BLOND	ČIERNY
KRÁTKY	KUČERAVÝ
PLEŠATÝ	KUČERY
FAREBNÉ	ZDRAVÝ
ŠEDÁ	TENKÝ
PLETENÉ	HRUBÝ
HLADKÝ	VRKÔČIKY

86 - Vestiti

```
R  B  W  Y  I  B  B  M  X  Z  E  Ť  S  U
Z  A  L  I  H  N  C  U  Y  M  C  Š  E  L
C  Y  H  H  A  J  P  T  O  T  I  Á  L  S
T  R  Y  X  P  X  M  N  I  J  V  L  Á  V
R  O  A  R  F  T  V  E  I  C  A  P  D  E
K  U  P  K  Í  N  L  E  D  R  H  Á  N  T
O  O  K  Á  O  M  Ó  D  A  N  O  S  A  E
Š  W  Ú  A  N  M  P  B  O  S  N  C  S  R
E  I  B  K  V  K  A  Z  Á  S  T  E  R  A
Ľ  R  O  Z  A  I  A  R  B  U  N  D  A  X
A  E  L  Ú  Ň  L  C  H  Á  M  A  Ž  Y  P
E  N  K  L  K  P  A  E  F  N  T  D  Z  U
L  U  Z  B  U  G  N  L  Á  Š  A  T  Y  V
D  Ž  Í  N  S  Y  N  N  L  R  R  K  L  O
```

ŠATY	ZÁSTERA
NÁRAMOK	RUKAVICE
BLÚZKA	DŽÍNSY
KOŠEĽA	SVETER
KLOBÚK	MÓDA
PLÁŠŤ	NOHAVICE
PÁS	PYŽAMÁ
NÁHRDELNÍK	SANDÁLE
BUNDA	TOPÁNKA
SUKŇA	ŠÁL

87 - Attività e Tempo Libero

```
Y R S I N E T O Z F C C A G
L Y U I H G W N Á T H S A J
U B R B X L J J H F G W P Y
M O F A X E G F R J I X M B
W L O S A Ý N Č A X A L E R
O O V K T K Z E D R I Y K O
B V A E P L E I N A V Á L P
R D N T B Y F N Í R Z O S K
A Y I B Z O P E C G I V Y O
Z F E A V T X M T J O U I N
K I Y L N K W U V R V L E Í
V O L E J B A L O N U M F Č
P O T Á P A N I E D V Y U K
D F U T B A L A B Z J E B Y
```

UMENIE
BEJZBAL
BASKETBAL
BOXU
FUTBAL
KEMP
ZÁHRADNÍCTVO
GOLF
KONÍČKY

POTÁPANIE
PLÁVANIE
VOLEJBAL
RYBOLOV
OBRAZ
RELAXAČNÝ
SURFOVANIE
TENIS

88 - Arte

```
V Ú P J E D N O D U C H Ý S
Y P P O E M O E R N O I C U
T R N R É L R B T K N B S R
V E T S I Z N W R I C Ý F R
O D U O B M I O V Á W N E E
R M I C Y T N A Ý V Z D R A
I E T H D B M Ý R Y T O I L
Ť T U A V I S S A K U V K I
Z L O Ž E N I E Z R O Ô S Z
K E R A M I C K Ý E B P Y M
K O M P L E X N É S R R M U
O S O B N Ý H R X L A Y B S
N Á L A D A A T U I Z I O T
V I Z U Á L N Y V Ť Y O L A
```

KERAMICKÝ
KOMPLEXNÉ
ZLOŽENIE
VYTVORIŤ
OBRAZY
VÝRAZ
OBRÁZOK
ÚPRIMNÝ
PÔVODNÝ
OSOBNÝ

POÉZIA
VYKRESLIŤ
SOCHA
JEDNODUCHÝ
SYMBOL
PREDMET
SURREALIZMUS
NÁLADA
VIZUÁLNY

89 - Meteo

```
F  H  F  Ľ  A  D  T  M  Z  U  I  J  H  P
L  T  R  J  F  F  N  K  R  H  N  T  X  R
A  T  M  O  S  F  É  R  A  A  Á  O  H  N
M  B  G  M  V  V  X  L  J  X  K  R  M  B
Í  W  E  H  E  W  V  P  X  E  I  N  L  S
L  P  K  N  Ú  Z  N  O  M  M  R  Á  A  U
K  A  A  V  I  E  T  O  R  E  U  D  S  C
O  N  T  R  O  P  I  C  K  Ý  H  O  U  H
N  F  O  H  R  O  M  D  D  S  B  P  C  O
Á  N  L  D  Ú  H  A  T  R  L  E  M  H  U
V  U  P  V  F  B  Ú  R  K  A  N  L  Ý  J
B  W  E  Z  D  L  J  O  F  M  Y  O  B  X
R  U  T  P  O  L  Á  R  N  Y  N  Z  Z  K
U  G  K  J  Y  G  O  V  E  X  K  F  Z  N
```

DÚHA	MRAK
SUCHÝ	POLÁRNY
ATMOSFÉRA	SUCHO
VÁNOK	TEPLOTA
NEBA	BÚRKA
KLÍMA	TORNÁDO
BLESK	TROPICKÝ
ĽAD	HROM
MONZÚN	HURIKÁN
HMLA	VIETOR

90 - Corpo Umano

```
L  P  J  U  F  J  M  F  I  L  I  C  E  Z
Z  C  M  N  W  W  I  K  P  A  J  Z  G  P
H  L  A  V  A  J  U  U  Z  K  H  G  E  Ú
A  U  K  D  R  M  J  T  L  E  L  O  D  S
S  D  K  D  D  V  Z  A  D  Ť  K  Z  N  T
P  R  A  O  K  R  K  F  O  H  K  O  E  A
R  Á  D  H  O  K  S  C  O  G  Y  M  I  C
S  V  A  C  N  O  P  Ž  A  L  Ú  D  O  K
T  T  R  U  E  K  O  Ž  A  N  U  R  N  S
L  C  B  W  L  S  N  I  M  O  O  U  E  C
Y  B  T  Y  Č  V  E  W  S  S  V  K  L  T
I  B  F  O  Z  B  M  X  V  F  S  A  O  G
G  L  X  V  T  A  A  B  P  E  L  V  K  S
V  B  O  B  U  B  R  F  S  D  X  B  T  C
```

ÚSTA	RUKA
ČLENOK	BRADA
MOZOG	NOS
KRK	OKO
SRDCE	UCHO
PRST	KOŽA
TVÁR	KRV
NOHA	RAMENO
KOLENO	ŽALÚDOK
LAKEŤ	HLAVA

91 - Mammiferi

```
C Y M C E E L A D Z W A M J
D A G O A I A R B E Z A Y J
E F D P L E F D Y W Y D M G
L U U I W T A D K U X S G S
F I M C G O R I L A K Č A M
Í B E A D J I K V B K B H B
N K D J J O Ž R I Y Y Š F Ý
H U V L D K V Á U R J M Í K
T Z E E C V O L T Ľ F W L L
N B Ď V C J V I Ň E L E J S
K L O K A N S K Ô V L G T L
L J P I F Y B P K D S C E O
L M W N R W X H E H E H K N
B P C O H W E G O S W E A X
```

VEĽRYBA	ŽIRAFA
PES	GORILA
KLOKAN	LEV
KÔŇ	VLK
JELEŇ	MEDVEĎ
KRÁLIK	OVCE
KOJOT	OPICA
DELFÍN	BÝK
SLON	LÍŠKA
MAČKA	ZEBRA

92 - Animali Domestici

```
U  J  Á  G  A  P  A  P  K  J  E  D  L  O
S  J  A  Š  B  L  D  K  O  Č  E  R  K  Š
Z  J  V  Š  T  L  O  D  Z  Y  Y  Y  O  L
Y  C  A  R  T  E  V  V  A  Y  M  I  M  P
C  Y  R  E  P  E  Ň  P  Z  B  I  I  A  A
T  H  K  I  A  C  R  A  F  L  R  K  Č  Z
O  M  V  L  P  X  L  I  O  G  T  B  K  Ú
K  E  S  O  N  O  Z  P  C  L  M  V  A  R
T  U  R  G  S  E  P  G  B  A  Y  B  Y  R
A  K  Č  A  N  T  Y  R  O  K  Š  W  Y  T
I  J  S  I  L  H  R  K  R  Á  L  I  K  N
Č  V  E  T  E  R  I  N  Á  R  E  Z  B  O
A  K  X  K  E  Y  E  L  R  B  W  O  A  K
M  V  T  P  D  N  D  Z  C  Y  D  K  L  U
```

VODA	MAČIATKO
PAZÚR	MAČKA
PES	JAŠTERICA
KOZA	KRAVA
JEDLO	PAPAGÁJ
CHVOST	RYBY
GOLIER	KORYTNAČKA
KRÁLIK	MYŠ
ŠKREČOK	VETERINÁR
ŠTEŇA	LABKY

93 - Cucina

```
Z  J  A  R  O  A  G  K  G  M  C  R  N  K
Á  E  X  Z  K  L  Y  O  R  R  H  E  A  A
S  N  U  Z  Y  B  D  R  I  A  L  C  B  N
T  M  I  S  K  A  L  E  L  Z  A  E  E  V
E  Ž  O  N  Č  P  Y  N  J  N  D  P  R  I
R  W  M  M  I  O  Ž  I  H  I  N  T  A  C
A  F  Y  X  L  H  I  E  N  Č  I  T  Č  A
R  M  A  W  A  Á  C  O  Á  K  Č  H  K  H
A  R  P  H  P  R  E  T  B  A  K  H  A  U
V  I  D  L  I  Č  K  Y  Ž  R  A  P  Z  B
J  R  B  S  J  F  C  U  D  H  Ú  E  I  K
A  W  Ú  M  G  V  X  M  J  P  F  S  Z  A
Z  P  W  R  X  B  B  A  G  F  B  S  O  L
G  S  H  S  A  F  W  I  S  J  O  E  W  K
```

PALIČKY	CHLADNIČKA
KANVICA	ZÁSTERA
DŽBÁN	GRIL
JEDLO	NABERAČKA
MISKA	RECEPT
NOŽE	KORENIE
MRAZNIČKA	HUBKA
LYŽICE	POHÁR
VIDLIČKY	OBRÚSOK
RÚRA	JAR

94 - Giardinaggio

```
K  O  N  T  A  J  N  E  R  H  Z  M  T  S
O  C  K  S  C  G  U  L  H  B  K  H  D  E
Ý  I  X  I  I  E  W  C  Í  S  U  B  D  Z
K  X  P  L  T  D  R  U  H  S  A  S  V  Ó
C  V  K  O  Y  H  D  P  K  H  T  D  Á  N
I  T  E  V  K  P  G  J  O  G  V  I  N  N
N  P  A  T  I  H  Y  E  M  H  L  S  E  Y
A  D  Ô  P  I  A  N  D  P  A  H  M  M  J
T  K  J  U  P  N  F  L  O  D  K  N  E  U
O  F  K  W  W  I  O  É  S  I  O  G  S  D
B  W  R  T  P  P  O  V  T  C  S  M  N  R
X  F  U  F  D  Š  Y  K  Ý  A  Ť  P  X  V
E  X  O  T  I  C  K  Ý  Y  C  O  S  P  F
K  L  Í  M  A  D  O  V  F  E  B  W  T  T
```

VODA
BOTANICKÝ
KLÍMA
JEDLÉ
KOMPOST
KONTAJNER
EXOTICKÝ
KVET
KVETINOVÝ
LIST

LÍSTIE
SAD
KYTICA
SEMENÁ
DRUH
ŠPINA
SEZÓNNY
PÔDA
HADICA
VLHKOSŤ

95 - Universo

```
W  S  W  C  M  L  B  Z  V  F  Ý  U  L  D
M  L  A  B  E  N  B  M  W  F  K  R  M  B
O  N  I  V  S  F  E  P  I  C  C  X  B  J
H  O  M  I  I  A  E  D  U  T  I  G  O  L
O  V  Ó  D  A  R  É  F  S  O  M  T  A  J
R  R  N  I  C  É  Z  A  C  K  Z  A  O  U
I  A  O  T  A  F  K  Í  N  V  O  R  C  E
Z  T  R  E  I  S  X  J  H  I  K  E  M  H
O  O  T  Ľ  X  I  T  N  E  B  E  S  K  Ý
N  R  S  N  A  M  J  E  Y  Y  G  N  P  L
T  B  A  Ý  L  E  Y  N  R  Á  L  O  S  O
Y  I  Y  N  A  H  M  Ó  N  O  R  T  S  A
U  T  H  T  G  X  H  O  U  I  I  N  I  E
N  A  C  T  E  L  E  S  K  O  P  D  T  T
```

ASTEROID	GALAXIA
ASTRONÓMIA	LOGITUDE
ASTRONÓM	MESIAC
ATMOSFÉRA	ORBITA
TMA	HORIZONT
NEBESKÝ	SOLÁRNY
NEBA	SLNOVRAT
KOZMICKÝ	TELESKOP
HEMISFÉRA	VIDITEĽNÝ
ROVNÍK	

96 - Jazz

```
S T A R Ý P M M V J P Z R D
I M P R O V I Z Á C I A Y Ô
P O R C H E S T E R N B T R
K I Ľ B J R T E N A E D M A
O R E N Á Ž W V É O F U U Z
N D T S L Á V N Y V H S P
C W A Z E R A C E X I Ý S O
E H D P S Ň M U B L A K H T
R Y A T D M V P Ú L V Z T L
T Z L Ý T Š T J Ľ X A G A E
O M K J E T P X B Z X G L S
U Z S E I N E Ž O L Z J E K
S N U T T E C H N I K A N V
H G U H U M E L E C X A T R
```

ALBUM

POTLESK

UMELEC

PIESEŇ

SKLADATEĽ

ZLOŽENIE

KONCERT

DÔRAZ

SLÁVNY

ŽÁNER

IMPROVIZÁCIA

HUDBA

NOVÝ

ORCHESTER

OBĽÚBENÉ

RYTMUS

ŠTÝL

TALENT

TECHNIKA

STARÝ

97 - Vacanze #2

```
F  S  O  S  T  R  O  V  B  G  D  J  B  S
O  T  M  K  M  O  E  V  K  C  I  P  I  P
T  A  L  A  S  Y  H  L  E  S  E  K  T  G
O  N  Y  S  P  I  M  A  M  B  V  M  K  T
G  M  U  A  I  A  T  K  P  V  K  X  T  U
R  O  G  N  A  K  N  E  L  O  V  O  D  V
A  R  P  A  S  U  Ž  Á  L  P  Z  R  C  O
F  E  J  A  U  O  M  K  M  S  Z  W  U  Ľ
I  M  S  H  Ľ  E  I  C  E  S  T  A  D  N
E  A  L  V  Y  W  X  C  I  G  U  D  Z  Ý
V  P  R  E  P  R  A  V  A  P  L  O  I  Č
T  O  G  M  T  K  T  V  Í  Z  A  L  N  A
D  B  Z  D  C  O  C  R  N  X  P  O  E  S
L  U  T  Y  B  J  H  E  X  Y  U  U  C  B
```

LETISKO	CUDZINEC
KEMP	TAXI
CIEĽ	VOĽNÝ ČAS
FOTOGRAFIE	STAN
HOTEL	PREPRAVA
OSTROV	VLAK
MAPA	DOVOLENKA
MORE	CESTA
PAS	VÍZA
PLÁŽ	

98 - Attività

```
Z R U Č N O S Ť Z K G I S Z
B V A I C Á X A L E R W T Á
Á L S E M E R K F R W C L U
T U R I S T I K A A H R Y J
R H V N K K R Y L M T M K M
Y X O A J E Ú U M I A Č N Y
B E Ľ T U I M Z L K N I A C
O S N Í L N D P L A E N D P
L K Ý Č O E E B J O C N Á U
O S Č Y V Š Š I T I E O H U
V S A B O E T L N N L S S Y
P C S M V T U W T E B Ť N Z
L H E Z O O C E S W M M S Z
P S Y L F P K C A Z F U O E
```

ZRUČNOSŤ	HRY
UMENIE	ZÁUJMY
REMESLÁ	ČÍTANIE
ČINNOSŤ	KÚZLO
LOV	RYBOLOV
KEMP	POTEŠENIE
KERAMIKA	HÁDANKY
ŠITIE	RELAXÁCIA
TANEC	VOĽNÝ ČAS
TURISTIKA	

99 - Diplomazia

```
O B Č I A N S K Y M W S K J
H U M A N I T Á R N Y P O R
O B Č A N I A K I T E O N I
L I K P X M U E O Y G L F E
L K R C G A J C M A D U L Š
A P O L I T I K A I N P I E
T B E Z P E Č N O S Ť R K N
I N T E G R I T A U J Á T I
N V L Á D A I W K K D C Z E
U P O R A D C A V S M A M F
M J A Z Y K Y M J I T N L S
O K D B O S G D A D U J U J
K V E Ľ V Y S L A N E C V Z
R O Z H O D N U T I E I A R
```

VEĽVYSLANEC	VLÁDA
OBČANIA	INTEGRITA
OBČIANSKY	JAZYKY
KOMUNITA	POLITIKA
KONFLIKT	ROZHODNUTIE
PORADCA	BEZPEČNOSŤ
SPOLUPRÁCA	RIEŠENIE
DISKUSIA	ZMLUVA
ETIKA	HUMANITÁRNY

100 - Forniture Artistiche

```
Z  H  A  K  V  A  R  E  L  Y  V  C  E  O
T  A  H  P  D  R  F  N  Y  G  Z  E  N  H
T  A  B  U  Ľ  K  A  A  N  P  M  R  V  P
N  Y  T  Y  M  A  E  M  R  K  D  U  C  N
A  K  R  Y  L  M  W  P  L  B  U  Z  K  S
J  V  H  I  L  H  L  I  N  A  Y  K  A  W
O  L  D  I  P  E  L  R  D  D  U  Y  L  H
T  I  D  M  F  A  T  V  N  Á  P  A  D  Y
S  O  S  H  J  O  S  S  O  L  O  I  J  F
A  T  R  A  M  E  N  T  A  D  I  P  G  E
A  H  F  F  S  V  R  E  I  P  A  P  X  K
U  H  L  I  E  T  V  O  R  I  V  O  S  Ť
G  U  M  A  K  Č  I  L  O  T  S  P  K  C
E  Y  V  T  F  Y  D  U  J  O  L  E  J  L
```

VODA	GUMA
AKVARELY	NÁPADY
AKRYL	ATRAMENT
HLINA	CERUZKY
UHLIE	OLEJ
PAPIER	PASTELY
STOJAN	STOLIČKA
LEPIDLO	KEFY
FARBY	TABUĽKA
TVORIVOSŤ	

1 - Salute e Benessere #2

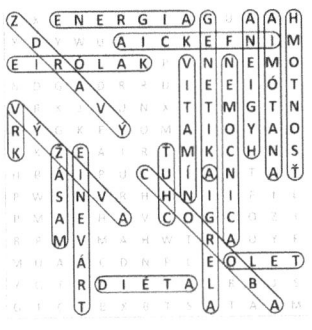

2 - Aggettivi #2

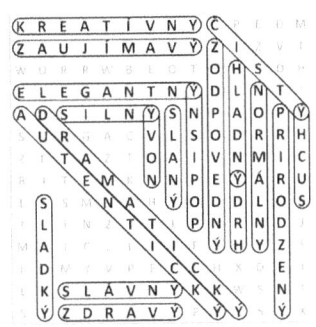

3 - Ingegneria

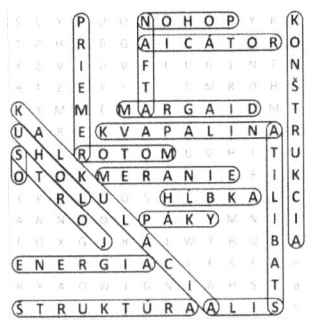

4 - Archeologia

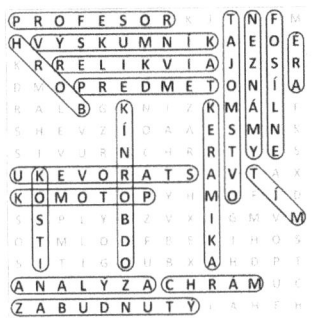

5 - Salute e Benessere #1

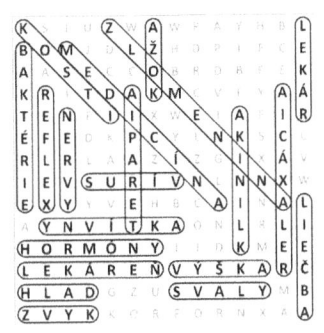

6 - Aggettivi #1

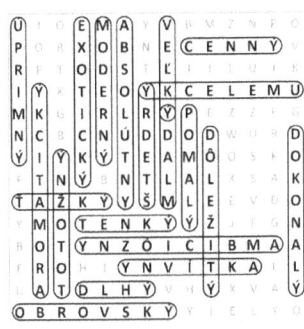

7 - Geologia

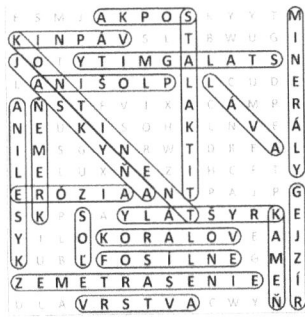

8 - Campeggio

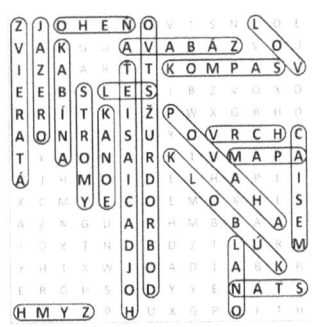

9 - Tempo

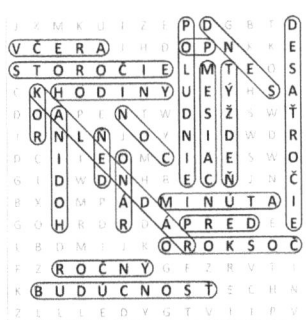

10 - Astronomia

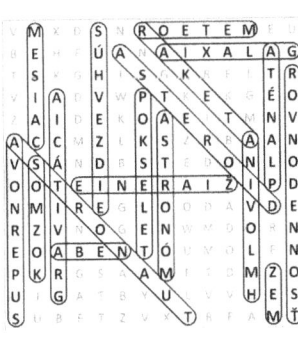

11 - Circo

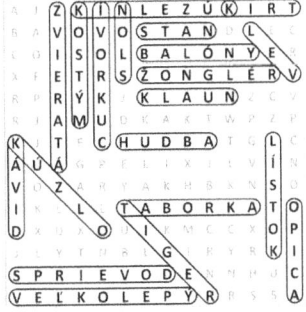

12 - Algebra

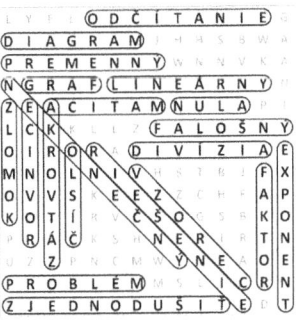

13 - Mitologia

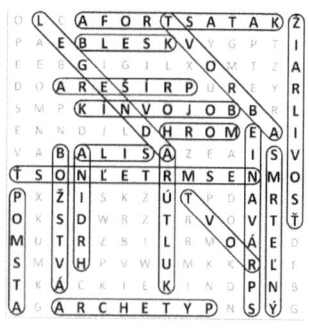

14 - Piante

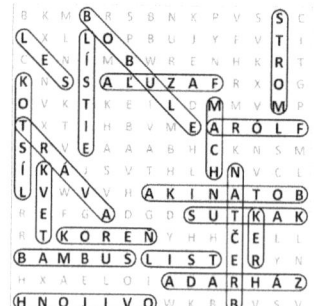

15 - Numeri

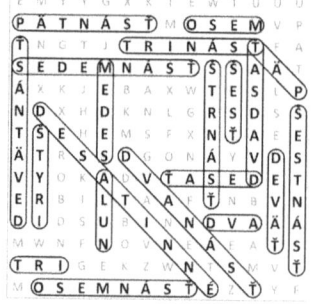

16 - Cioccolato

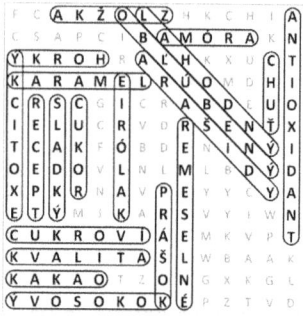

17 - Guida

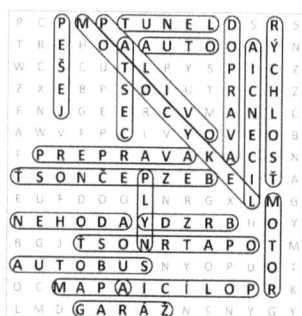

18 - I Media

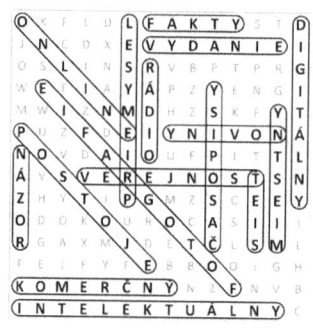

19 - Forza e Gravità

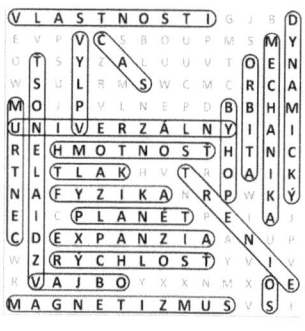

20 - Sport

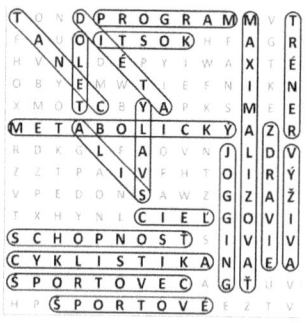

21 - Uccelli

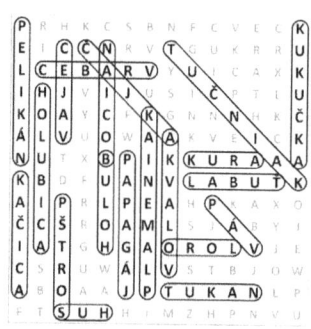

22 - Giorni e Mesi

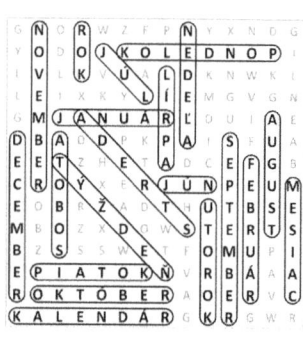

23 - Casa

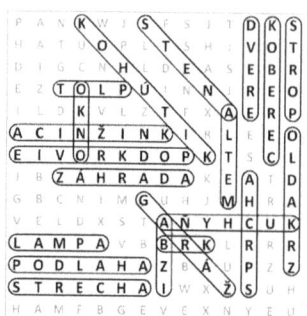

24 - Ristorante #1

25 - Fantascienza

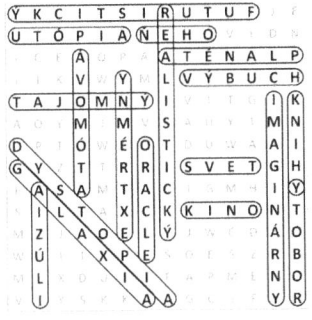

26 - Città

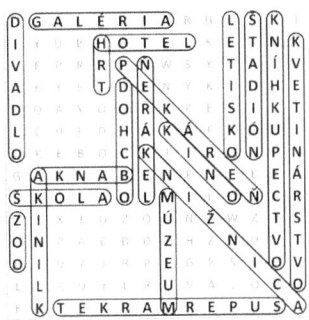

27 - Fattoria #1

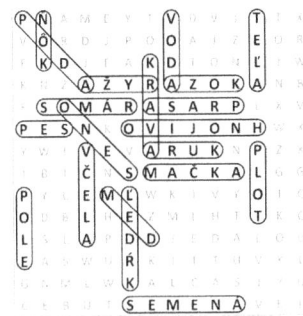

28 - Psicologia

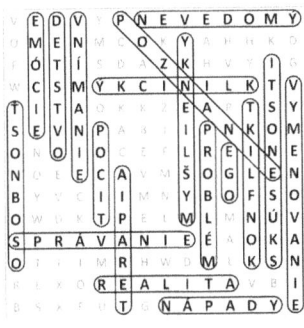

29 - Paesaggi

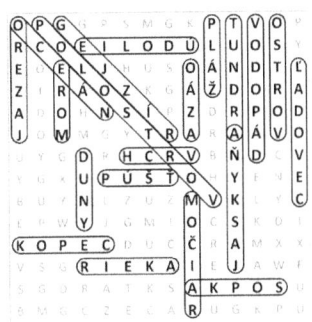

30 - Energia

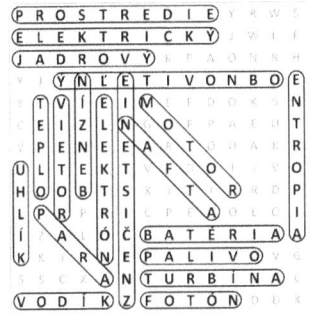

31 - Ristorante #2

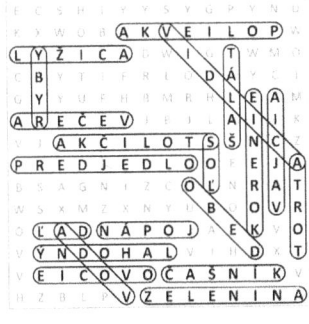

32 - L'Azienda

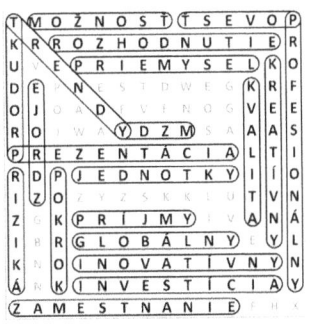

33 - Giardino

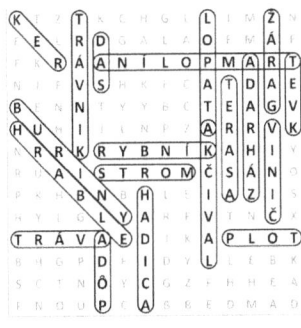

34 - Frutta

35 - Fattoria #2

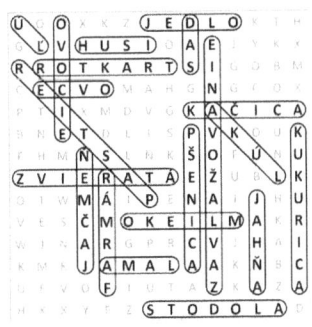

36 - Verdure

37 - Musica

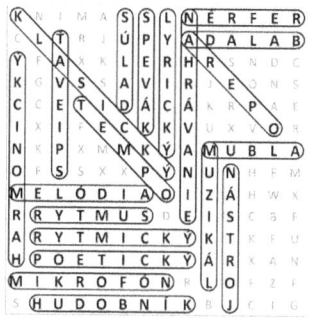

38 - Barbecue

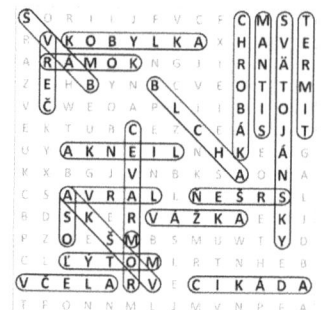

39 - Insetti

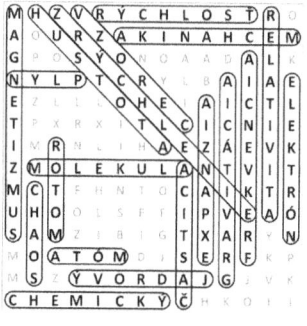

40 - Fisica

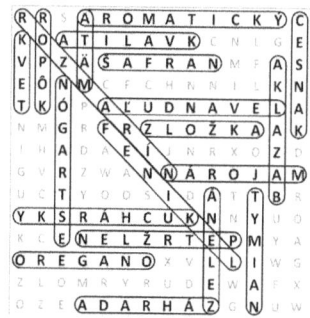

41 - Erboristeria

42 - Attività Commerciale

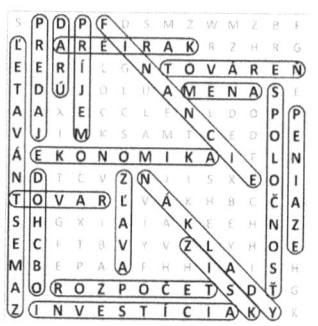

43 - Fiori

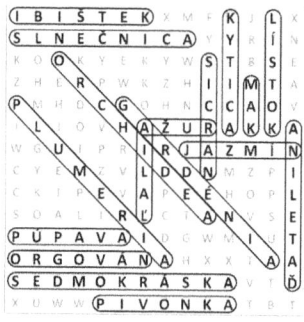

44 - Filantropia

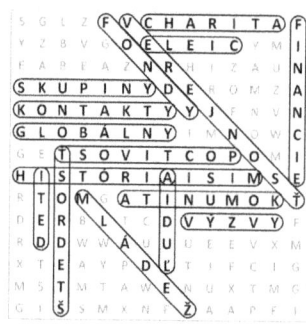

45 - Ecologia

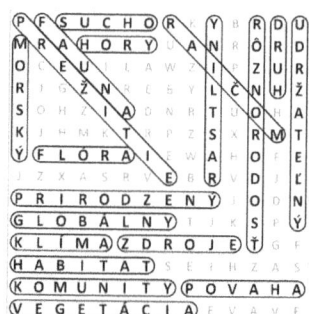

46 - Discipline Scientifiche

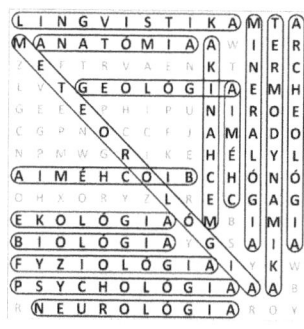

47 - Scienza

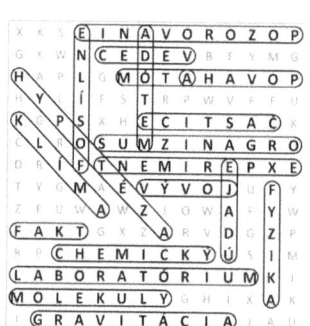

48 - Boxe

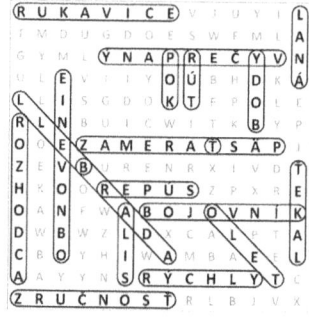

49 - Imbarcazioni

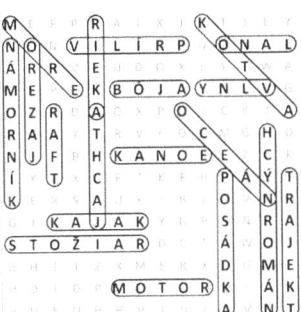

50 - Chimica

51 - Api

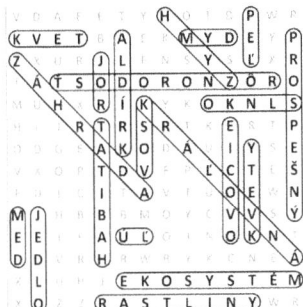

52 - Strumenti Musicali

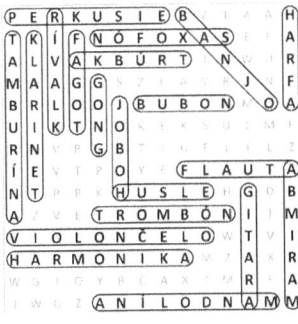

53 - Professioni #2

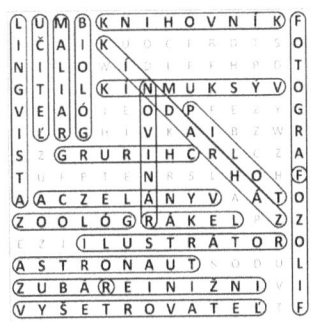

54 - Letteratura

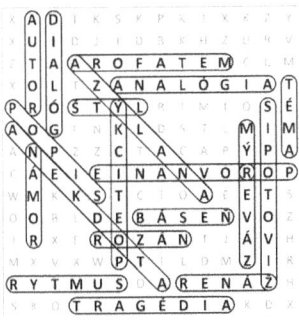

55 - Cibo #2

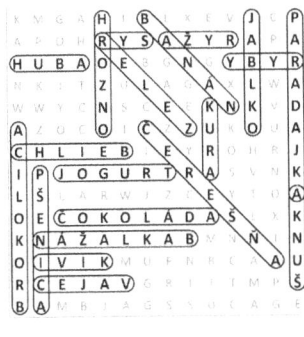

56 - Nutrizione

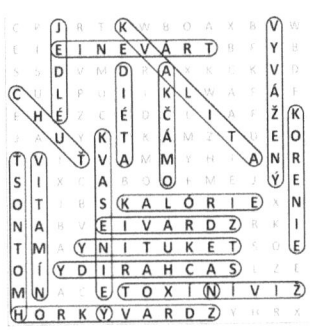

57 - Matematica

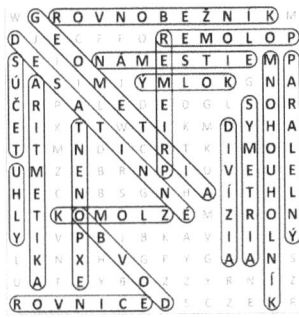

58 - Meditazione

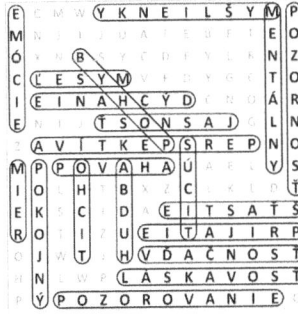

59 - Elettricità

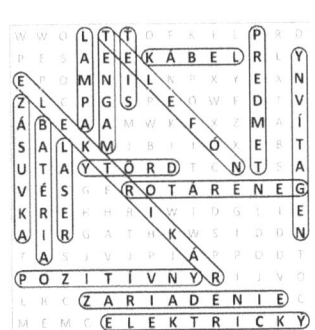

60 - Antiquariato

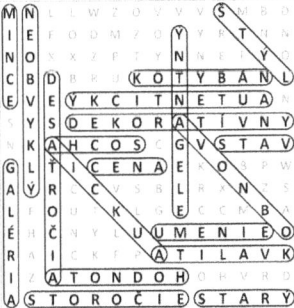

61 - Escursionismo

62 - Professioni #1

63 - Antartide

64 - Libri

65 - Geografia

66 - Cibo #1

67 - Etica

68 - Aeroplani

69 - Governo

70 - Bellezza

71 - Avventura

72 - Forme

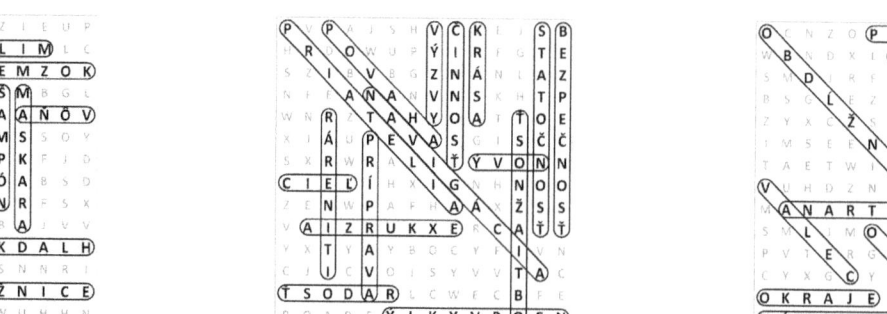

73 - Oceano

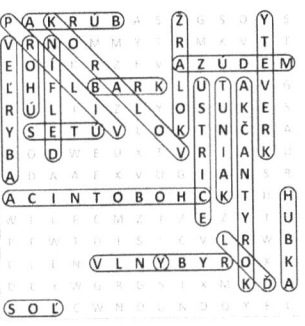

74 - Famiglia

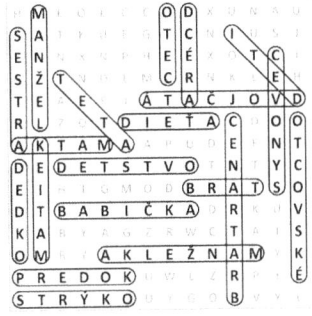

75 - Creatività

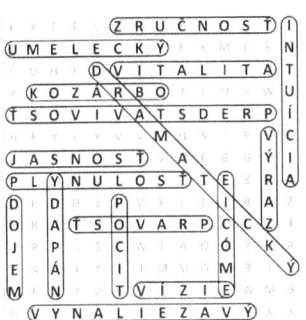

76 - Veicoli

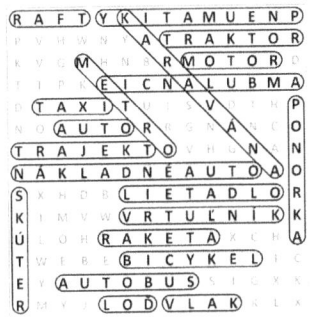

77 - Emozioni

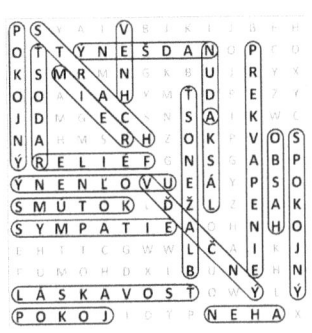

78 - Natura

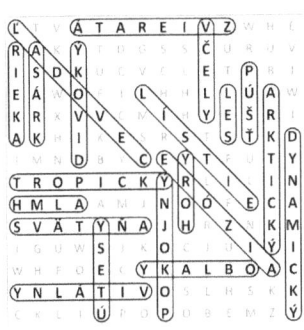

79 - Balletto

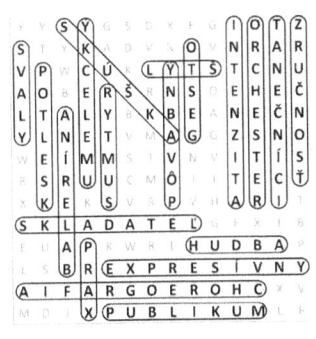

80 - Paesi #1

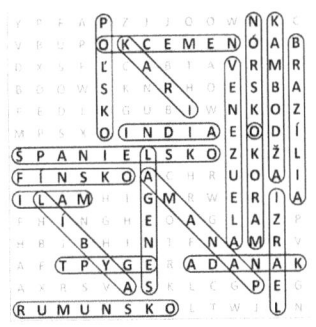

81 - Geometria

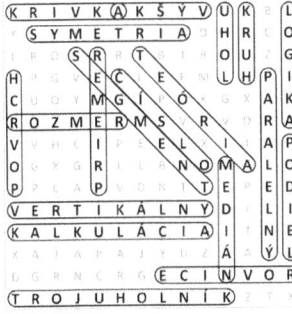

82 - Foresta Pluviale

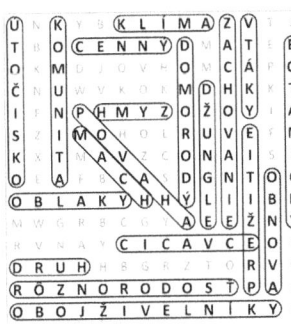

83 - Edifici

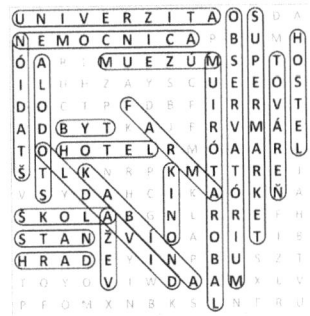

84 - Paesi #2

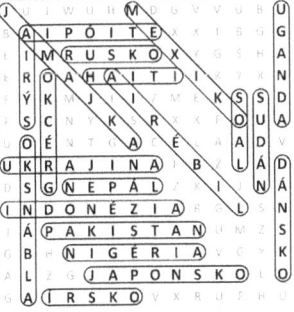

85 - Tipi di Capelli

86 - Vestiti

87 - Attività e Tempo Libero

88 - Arte

89 - Meteo

90 - Corpo Umano

91 - Mammiferi

92 - Animali Domestici

93 - Cucina

94 - Giardinaggio

95 - Universo

96 - Jazz

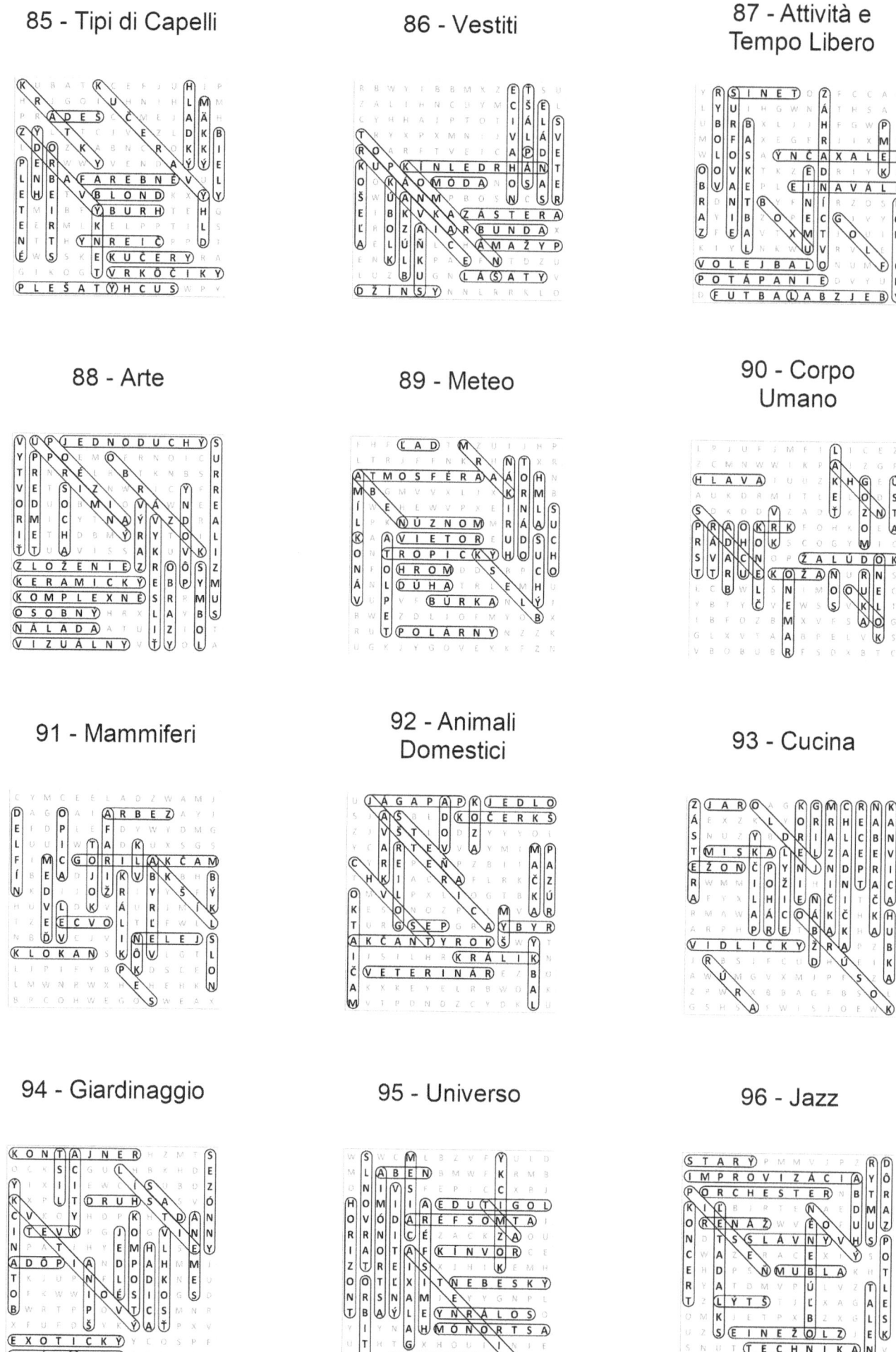

97 - Vacanze #2

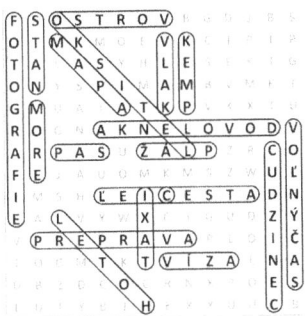

98 - Attività

99 - Diplomazia

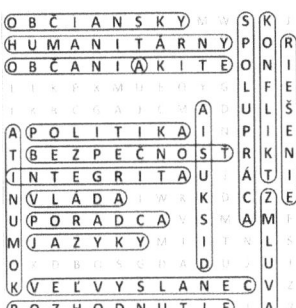

100 - Forniture Artistiche

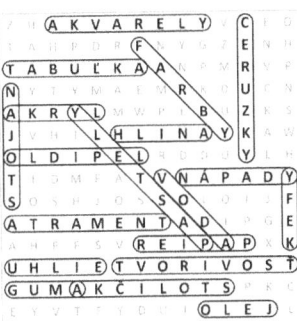

Dizionario

Aeroplani
Lietadlá

Altezza	Výška
Aria	Vzduch
Atmosfera	Atmosféra
Atterraggio	Pristátie
Avventura	Dobrodružstvo
Carburante	Palivo
Cielo	Neba
Costruzione	Konštrukcia
Design	Dizajn
Direzione	Smer
Discesa	Zostup
Equipaggio	Posádka
Idrogeno	Vodík
Motore	Motor
Navigare	Navigovať
Palloncino	Balón
Passeggero	Cestujúci
Pilota	Pilot
Storia	História
Turbolenza	Turbulencia

Aggettivi #1
Prídavné Mená #1

Ambizioso	Ambiciózny
Aromatico	Aromatický
Artistico	Umelecký
Assoluto	Absolútny
Attivo	Aktívny
Enorme	Obrovský
Esotico	Exotický
Generoso	Štedrý
Giovane	Mladý
Grande	Veľký
Identico	Totožný
Importante	Dôležitý
Lento	Pomalý
Lungo	Dlhý
Moderno	Moderný
Onesto	Úprimný
Perfetto	Dokonalý
Pesante	Ťažký
Prezioso	Cenný
Sottile	Tenký

Aggettivi #2
Prídavné Mená #2

Italiano	Slovenčina
Affamato	Hladný
Asciutto	Suchý
Autentico	Autentický
Creativo	Kreatívny
Descrittivo	Popisný
Dolce	Sladký
Drammatico	Dramatický
Elegante	Elegantný
Famoso	Slávny
Forte	Silný
Interessante	Zaujímavý
Naturale	Prirodzený
Normale	Normálny
Nuovo	Nový
Orgoglioso	Hrdý
Produttivo	Produktívny
Puro	Čistý
Responsabile	Zodpovedný
Salato	Slaný
Sano	Zdravý

Algebra
Algebra

Italiano	Slovenčina
Diagramma	Diagram
Divisione	Divízia
Equazione	Rovnice
Esponente	Exponent
Falso	Falošný
Fattore	Faktor
Formula	Vzorec
Frazione	Zlomok
Grafico	Graf
Infinito	Nekonečný
Lineare	Lineárny
Matrice	Matica
Numero	Číslo
Parentesi	Zátvorka
Problema	Problém
Semplificare	Zjednodušiť
Soluzione	Riešenie
Sottrazione	Odčítanie
Variabile	Premenný
Zero	Nula

Animali Domestici
Domáce Zvieratá

Acqua	Voda
Artigli	Pazúr
Cane	Pes
Capra	Koza
Cibo	Jedlo
Coda	Chvost
Collare	Golier
Coniglio	Králik
Criceto	Škrečok
Cucciolo	Šteňa
Gattino	Mačiatko
Gatto	Mačka
Lucertola	Jašterica
Mucca	Krava
Pappagallo	Papagáj
Pesce	Ryby
Tartaruga	Korytnačka
Topo	Myš
Veterinario	Veterinár
Zampe	Labky

Antartide
Antarktída

Italiano	Slovenčina
Acqua	Voda
Ambiente	Prostredie
Baia	Záliv
Balene	Veľryby
Conservazione	Ochrana
Continente	Kontinent
Geografia	Geografia
Ghiacciai	Ľadovce
Ghiaccio	Ľad
Isole	Ostrovy
Migrazione	Migrácia
Minerali	Minerály
Nuvole	Oblaky
Penisola	Polostrov
Ricercatore	Výskumník
Roccioso	Skalnatý
Scientifico	Vedecký
Spedizione	Expedícia
Temperatura	Teplota
Topografia	Topografia

Antiquariato
Starožitnosťami

Arte	Umenie
Asta	Aukcia
Autentico	Autentický
Condizione	Stav
Decenni	Desaťročia
Decorativo	Dekoratívny
Elegante	Elegantný
Galleria	Galéria
Insolito	Neobvyklý
Investimento	Investícia
Mobilio	Nábytok
Monete	Mince
Prezzo	Cena
Qualità	Kvalita
Restauro	Obnova
Scultura	Socha
Secolo	Storočie
Stile	Štýl
Valore	Hodnota
Vecchio	Starý

Api
Včely

Ali	Krídla
Alveare	Úľ
Benefico	Prospešný
Cera	Vosk
Cibo	Jedlo
Diversità	Rôznorodosť
Ecosistema	Ekosystém
Fiori	Kvety
Fiorire	Kvet
Frutta	Ovocie
Fumo	Dym
Giardino	Záhrada
Habitat	Habitat
Insetto	Hmyz
Miele	Med
Piante	Rastliny
Polline	Peľ
Regina	Kráľovná
Sciame	Roj
Sole	Slnko

Archeologia
Archeológia

Analisi	Analýza
Antichità	Staroveku
Ceramica	Keramika
Civiltà	Civilizácia
Dimenticato	Zabudnutý
Discendente	Potomok
Era	Éra
Esperto	Odborník
Fossile	Fosílne
Mistero	Tajomstvo
Oggetti	Predmet
Ossa	Kosti
Professore	Profesor
Reliquia	Relikvia
Ricercatore	Výskumník
Sconosciuto	Neznámy
Squadra	Tím
Tempio	Chrám
Tomba	Hrob
Valutazione	Hodnotenie

Arte
Umenie

Ceramica	Keramický
Complesso	Komplexné
Composizione	Zloženie
Creare	Vytvoriť
Dipinti	Obrazy
Espressione	Výraz
Figura	Obrázok
Ispirato	Inšpirovaný
Onesto	Úprimný
Originale	Pôvodný
Personale	Osobný
Poesia	Poézia
Ritrarre	Vykresliť
Scultura	Socha
Semplice	Jednoduchý
Simbolo	Symbol
Soggetto	Predmet
Surrealismo	Surrealizmus
Umore	Nálada
Visivo	Vizuálny

Astronomia
Astronómia

Asteroide	Asteroid
Astronauta	Astronaut
Astronomo	Astronóm
Cielo	Neba
Cosmo	Kozmos
Costellazione	Súhvezdie
Equinozio	Rovnodennosť
Galassia	Galaxia
Gravità	Gravitácia
Luna	Mesiac
Meteora	Meteor
Nebulosa	Hmlovina
Osservatorio	Observatórium
Pianeta	Planéta
Radiazione	Žiarenie
Razzo	Raketa
Supernova	Supernova
Telescopio	Teleskop
Terra	Zem
Universo	Vesmír

Attività
Činnosti

Abilità	Zručnosť
Arte	Umenie
Artigianato	Remeslá
Attività	Činnosť
Caccia	Lov
Campeggio	Kemp
Ceramica	Keramika
Cucire	Šitie
Danza	Tanec
Escursioni	Turistika
Giardinaggio	Záhradníctvo
Giochi	Hry
Interessi	Záujmy
Lettura	Čítanie
Magia	Kúzlo
Pesca	Rybolov
Piacere	Potešenie
Puzzle	Hádanky
Rilassamento	Relaxácia
Tempo Libero	Voľný Čas

Attività Commerciale
Podnikanie

Bilancio	Rozpočet
Carriera	Kariéra
Costo	Náklady
Datore di Lavoro	Zamestnávateľ
Dipendente	Zamestnanec
Economia	Ekonomika
Fabbrica	Továreň
Finanza	Financie
Investimento	Investícia
Merce	Tovar
Negozio	Obchod
Profitto	Zisk
Reddito	Príjem
Sconto	Zľava
Società	Spoločnosť
Soldi	Peniaze
Transazione	Transakcia
Ufficio	Úrad
Valuta	Mena
Vendita	Predaj

Attività e Tempo Libero
Aktivity a Voľný Čas

Arte	Umenie
Baseball	Bejzbal
Basket	Basketbal
Boxe	Boxu
Calcio	Futbal
Campeggio	Kemp
Escursioni	Turistika
Giardinaggio	Záhradníctvo
Golf	Golf
Hobby	Koníčky
Immersione	Potápanie
Nuoto	Plávanie
Pallavolo	Volejbal
Pesca	Rybolov
Pittura	Obraz
Rilassante	Relaxačný
Surf	Surfovanie
Tennis	Tenis
Viaggio	Cestovanie

Avventura
Dobrodružstvo

Amici	Priatelia
Attività	Činnosť
Bellezza	Krása
Coraggio	Statočnosť
Destinazione	Cieľ
Difficoltà	Obtiažnosť
Entusiasmo	Nadšenie
Escursione	Exkurzia
Gioia	Radosť
Insolito	Neobvyklý
Itinerario	Itinerár
Natura	Povaha
Navigazione	Navigácia
Nuovo	Nový
Opportunità	Príležitosť
Pericoloso	Nebezpečný
Preparazione	Príprava
Sfide	Výzvy
Sicurezza	Bezpečnosť
Viaggi	Cestuje

Balletto
Baletné

Abilità	Zručnosť
Applauso	Potlesk
Artistico	Umelecký
Ballerina	Balerína
Ballerini	Tanečníci
Compositore	Skladateľ
Coreografia	Choreografia
Espressivo	Expresívny
Gesto	Gesto
Grazioso	Pôvabný
Intensità	Intenzita
Muscoli	Svaly
Musica	Hudba
Orchestra	Orchester
Pratica	Prax
Prova	Skúška
Pubblico	Publikum
Ritmo	Rytmus
Stile	Štýl
Tecnica	Technika

Barbecue
Grilovanie

Caldo	Horúci
Cena	Večera
Cibo	Jedlo
Cipolle	Cibuľa
Coltelli	Nože
Estate	Leto
Fame	Hlad
Famiglia	Rodina
Frutta	Ovocie
Giochi	Hry
Griglia	Gril
Insalate	Šaláty
Invito	Pozvánka
Musica	Hudba
Pepe	Paprika
Pollo	Kura
Pomodori	Paradajky
Pranzo	Obed
Sale	Soľ
Salsa	Omáčka

Bellezza
Krása

Colore	Farba
Cosmetici	Kozmetika
Elegante	Elegantný
Eleganza	Elegancia
Fascino	Čaro
Forbici	Nožnice
Fotogenico	Fotogenický
Fragranza	Vôňa
Grazia	Milosť
Liscio	Hladký
Mascara	Maskara
Oli	Oleje
Pelle	Koža
Prodotti	Produkty
Riccioli	Kučery
Rossetto	Rúž
Servizi	Služby
Shampoo	Šampón
Specchio	Zrkadlo
Stilista	Stylista

Boxe
Boxovanie

Abilità	Zručnosť
Angolo	Rút
Arbitro	Rozhodca
Avversario	Súper
Calcio	Kop
Campana	Bell
Combattente	Bojovník
Corde	Laná
Corpo	Telo
Esaurito	Vyčerpaný
Forza	Sila
Fuoco	Zamerať
Gomito	Lakeť
Guanti	Rukavice
Mento	Brada
Pugno	Päsť
Punti	Body
Rapido	Rýchly
Recupero	Obnovenie

Campeggio
Kempovanie

Alberi	Stromy
Amaca	Hojdacia Sieť
Animali	Zvieratá
Avventura	Dobrodružstvo
Bussola	Kompas
Cabina	Kabína
Caccia	Lov
Canoa	Kanoe
Cappello	Klobúk
Corda	Lano
Divertimento	Zábava
Foresta	Les
Fuoco	Oheň
Insetto	Hmyz
Lago	Jazero
Luna	Mesiac
Mappa	Mapa
Montagna	Vrch
Natura	Povaha
Tenda	Stan

Casa
Dom

Attico	Podkrovie
Biblioteca	Knižnica
Camera	Izba
Camino	Krb
Cucina	Kuchyňa
Doccia	Sprcha
Finestra	Okno
Garage	Garáž
Giardino	Záhrada
Lampada	Lampa
Parete	Stena
Pavimento	Podlaha
Porta	Dvere
Recinto	Plot
Rubinetto	Kohútik
Scopa	Metla
Soffitto	Strop
Specchio	Zrkadlo
Tappeto	Koberec
Tetto	Strecha

Chimica
Chémia

Acido	Kyselina
Alcalino	Alkalický
Atomico	Atómová
Calore	Teplo
Carbonio	Uhlík
Catalizzatore	Katalyzátor
Cloro	Chlór
Elettrone	Elektrón
Enzima	Enzým
Gas	Plyn
Idrogeno	Vodík
Ione	Ión
Liquido	Kvapalina
Molecola	Molekula
Nucleare	Jadrový
Organico	Organický
Ossigeno	Kyslík
Peso	Hmotnosť
Sale	Soľ
Temperatura	Teplota

Cibo #1
Jedlo #1

Aglio	Cesnak
Basilico	Bazalka
Cannella	Škorica
Carne	Mäso
Carota	Mrkva
Cipolla	Cibuľa
Fragola	Jahoda
Insalata	Šalát
Latte	Mlieko
Limone	Citrón
Menta	Mäta
Orzo	Jačmeň
Pera	Hruška
Rapa	Kvaka
Sale	Soľ
Spinaci	Špenát
Succo	Šťava
Tonno	Tuniak
Torta	Torta
Zucchero	Cukor

Cibo #2
Jedlo #2

Banana	Banán
Broccolo	Brokolica
Ciliegia	Čerešňa
Cioccolato	Čokoláda
Formaggio	Syr
Fungo	Huba
Grano	Pšenica
Kiwi	Kivi
Mela	Jablko
Melanzana	Baklažán
Pane	Chlieb
Pesce	Ryby
Pollo	Kura
Pomodoro	Paradajka
Prosciutto	Šunka
Riso	Ryža
Sedano	Zeler
Uovo	Vajec
Uva	Hrozno
Yogurt	Jogurt

Cioccolato
Čokoláda

Amaro	Horký
Antiossidante	Antioxidant
Arachidi	Arašidy
Aroma	Aróma
Artigianale	Remeselné
Cacao	Kakao
Calorie	Kalórie
Caramella	Cukroví
Caramello	Karamel
Delizioso	Lahodný
Dolce	Sladký
Esotico	Exotický
Gusto	Chuť
Ingrediente	Zložka
Noce di Cocco	Kokosový
Polvere	Prášok
Preferito	Obľúbený
Qualità	Kvalita
Ricetta	Recept
Zucchero	Cukor

Circo
Cirkus

Acrobata	Akrobat
Animali	Zvieratá
Biglietto	Lístok
Caramella	Cukroví
Clown	Klaun
Costume	Kostým
Elefante	Slon
Giocoliere	Žonglér
Leone	Lev
Magia	Kúzlo
Mago	Kúzelník
Musica	Hudba
Palloncini	Balóny
Parata	Sprievod
Scimmia	Opica
Spettacolare	Veľkolepý
Spettatore	Divák
Tenda	Stan
Tigre	Tiger
Trucco	Trik

Città
Mesto

Aeroporto	Letisko
Banca	Banka
Biblioteca	Knižnica
Cinema	Kino
Clinica	Klinika
Farmacia	Lekáreň
Fiorista	Kvetinárstvo
Galleria	Galéria
Hotel	Hotel
Libreria	Kníhkupectvo
Mercato	Trh
Museo	Múzeum
Negozio	Obchod
Panetteria	Pekáreň
Scuola	Škola
Stadio	Štadión
Supermercato	Supermarket
Teatro	Divadlo
Università	Univerzita
Zoo	Zoo

Corpo Umano
Ľudské Telo

Bocca	Ústa
Caviglia	Členok
Cervello	Mozog
Collo	Krk
Cuore	Srdce
Dito	Prst
Faccia	Tvár
Gamba	Noha
Ginocchio	Koleno
Gomito	Laket'
Mano	Ruka
Mento	Brada
Naso	Nos
Occhio	Oko
Orecchio	Ucho
Pelle	Koža
Sangue	Krv
Spalla	Rameno
Stomaco	Žalúdok
Testa	Hlava

Creatività
Kreativita

Abilità	Zručnosť
Artistico	Umelecký
Autenticità	Pravosť
Chiarezza	Jasnosť
Drammatico	Dramatický
Emozioni	Emócie
Espressione	Výraz
Fluidità	Plynulosť
Idee	Nápady
Immaginazione	Predstavivosť
Immagine	Obrázok
Impressione	Dojem
Intensità	Intenzita
Intuizione	Intuícia
Inventivo	Vynaliezavý
Ispirazione	Inšpirácia
Sensazione	Pocit
Spontaneo	Spontánny
Visioni	Vízie
Vitalità	Vitalita

Cucina
Kuchyňa

Bacchette	Paličky
Bollitore	Kanvica
Brocca	Džbán
Cibo	Jedlo
Ciotola	Miska
Coltelli	Nože
Congelatore	Mraznička
Cucchiai	Lyžice
Forchette	Vidličky
Forno	Rúra
Frigorifero	Chladnička
Grembiule	Zástera
Griglia	Gril
Mestolo	Naberačka
Ricetta	Recept
Spezie	Korenie
Spugna	Hubka
Tazze	Pohár
Tovagliolo	Obrúsok
Vaso	Jar

Diplomazia
Diplomacie

Ambasciatore	Veľvyslanec
Cittadini	Občania
Civico	Občiansky
Comunità	Komunita
Conflitto	Konflikt
Consigliere	Poradca
Cooperazione	Spolupráca
Diplomatico	Diplomatický
Discussione	Diskusia
Etica	Etika
Giustizia	Spravodlivosť
Governo	Vláda
Integrità	Integrita
Lingue	Jazyky
Politica	Politika
Risoluzione	Rozhodnutie
Sicurezza	Bezpečnosť
Soluzione	Riešenie
Trattato	Zmluva
Umanitario	Humanitárny

Discipline Scientifiche
Vedecké Disciplíny

Anatomia	Anatómia
Archeologia	Archeológia
Astronomia	Astronómia
Biochimica	Biochémia
Biologia	Biológia
Botanica	Botanika
Chimica	Chémia
Ecologia	Ekológia
Fisiologia	Fyziológia
Geologia	Geológia
Immunologia	Imunológia
Linguistica	Lingvistika
Meccanica	Mechanika
Meteorologia	Meteorológia
Mineralogia	Mineralógia
Neurologia	Neurológia
Psicologia	Psychológia
Sociologia	Sociológia
Termodinamica	Termodynamika
Zoologia	Zoológia

Ecologia
Ekológia

Clima	Klíma
Comunità	Komunity
Diversità	Rôznorodosť
Fauna	Fauna
Flora	Flóra
Globale	Globálny
Habitat	Habitat
Marino	Morský
Montagne	Hory
Natura	Povaha
Naturale	Prirodzený
Palude	Močiar
Piante	Rastliny
Risorse	Zdroje
Siccità	Sucho
Sopravvivenza	Prežitie
Sostenibile	Udržateľný
Specie	Druh
Vegetazione	Vegetácia
Volontari	Dobrovoľníci

Edifici
Budovy

Appartamento	Byt
Cabina	Kabína
Castello	Hrad
Cinema	Kino
Fabbrica	Továreň
Fattoria	Farma
Fienile	Stodola
Hotel	Hotel
Laboratorio	Laboratórium
Museo	Múzeum
Ospedale	Nemocnica
Osservatorio	Observatórium
Ostello	Hostel
Scuola	Škola
Stadio	Štadión
Supermercato	Supermarket
Teatro	Divadlo
Tenda	Stan
Torre	Veža
Università	Univerzita

Elettricità
Elektrina

Attrezzatura	Zariadenie
Batteria	Batéria
Cavo	Kábel
Conservazione	Skladovanie
Elettricista	Elektrikár
Elettrico	Elektrický
Fili	Drôty
Generatore	Generátor
Lampada	Lampa
Lampadina	Žiarovka
Laser	Laser
Magnete	Magnet
Negativo	Negatívny
Oggetti	Predmet
Positivo	Pozitívny
Presa	Zásuvka
Quantità	Množstvo
Rete	Sieť
Telefono	Telefón
Televisione	Televízia

Emozioni
Emócie

Amore	Láska
Beatitudine	Blaženosť
Calma	Pokojný
Contenuto	Obsah
Eccitato	Nadšený
Gentilezza	Láskavosť
Gioia	Radosť
Grato	Vďačný
Noia	Nuda
Pace	Mier
Paura	Strach
Rabbia	Hnev
Rilassato	Uvoľnený
Rilievo	Reliéf
Simpatia	Sympatie
Soddisfatto	Spokojný
Sorpresa	Prekvapenie
Tenerezza	Neha
Tranquillità	Pokoj
Tristezza	Smútok

Energia
Energia

Ambiente	Prostredie
Batteria	Batéria
Benzina	Benzín
Calore	Teplo
Carbonio	Uhlík
Carburante	Palivo
Diesel	Nafta
Elettrico	Elektrický
Elettrone	Elektrón
Entropia	Entropia
Fotone	Fotón
Idrogeno	Vodík
Industria	Priemysel
Inquinamento	Znečistenie
Motore	Motor
Nucleare	Jadrový
Rinnovabile	Obnoviteľný
Turbina	Turbína
Vapore	Para
Vento	Vietor

Erboristeria
Bylinkárstvo

Aglio	Cesnak
Aneto	Kôpor
Aromatico	Aromatický
Basilico	Bazalka
Culinario	Kuchársky
Dragoncello	Estragón
Finocchio	Fenikel
Fiore	Kvet
Giardino	Záhrada
Ingrediente	Zložka
Lavanda	Levanduľa
Maggiorana	Majorán
Menta	Mäta
Origano	Oregano
Prezzemolo	Petržlen
Qualità	Kvalita
Rosmarino	Rozmarín
Timo	Tymian
Verde	Zelená
Zafferano	Šafran

Escursionismo
Pešia Turistika

Acqua	Voda
Animali	Zvieratá
Campeggio	Kemp
Clima	Klíma
Mappa	Mapa
Meteo	Počasie
Montagna	Vrch
Natura	Povaha
Orientamento	Orientácia
Parchi	Parky
Pesante	Ťažký
Pietre	Kamene
Preparazione	Príprava
Scogliera	Útes
Selvaggio	Divoký
Sole	Slnko
Stanco	Unavený
Stivali	Čižmy
Vertice	Summit
Zanzare	Komáre

Etica
Etický

Altruismo	Altruizmus
Benevolo	Benevolentný
Compassione	Súcit
Cooperazione	Spolupráca
Dignità	Dôstojnosť
Diplomatico	Diplomatický
Filosofia	Filozofia
Gentilezza	Láskavosť
Integrità	Integrita
Onestà	Poctivosť
Ottimismo	Optimizmus
Pazienza	Trpezlivosť
Ragionevole	Rozumný
Razionalità	Racionalita
Realismo	Realizmus
Rispettoso	Úctivý
Saggezza	Múdrosť
Tolleranza	Tolerancia
Umanità	Ľudstvo
Valori	Hodnoty

Famiglia
Rodinná

Antenato	Predok
Bambini	Deti
Bambino	Dieťa
Cugino	Bratranec
Figlia	Dcéra
Fratello	Brat
Gemelli	Dvojčatá
Infanzia	Detstvo
Madre	Matka
Marito	Manžel
Materno	Matiek
Moglie	Manželka
Nipote	Synovec
Nonna	Babička
Nonno	Dedko
Padre	Otec
Paterno	Otcovské
Sorella	Sestra
Zia	Teta
Zio	Strýko

Fantascienza
Science Fiction

Atomico	Atómová
Cinema	Kino
Distopia	Dystopia
Esplosione	Výbuch
Estremo	Extrémny
Fantastico	Fantastický
Fuoco	Oheň
Futuristico	Futuristický
Galassia	Galaxia
Illusione	Ilúzia
Immaginario	Imaginárny
Libri	Knihy
Misterioso	Tajomný
Mondo	Svet
Oracolo	Oracle
Pianeta	Planéta
Realistico	Realistický
Robot	Roboty
Tecnologia	Technológia
Utopia	Utópia

Fattoria #1
Farma #1

Acqua	Voda
Ape	Včela
Asino	Somár
Campo	Pole
Cane	Pes
Capra	Koza
Cavallo	Kôň
Fertilizzante	Hnojivo
Fieno	Seno
Gatto	Mačka
Gregge	Kŕdeľ
Maiale	Prasa
Miele	Med
Mucca	Krava
Pollo	Kura
Recinto	Plot
Riso	Ryža
Semi	Semená
Terra	Pôda
Vitello	Teľa

Fattoria #2
Farma # 2

Agnello	Jahňa
Agricoltore	Farmár
Alveare	Úľ
Anatra	Kačica
Animali	Zvieratá
Cibo	Jedlo
Fienile	Stodola
Frutta	Ovocie
Frutteto	Sad
Grano	Pšenica
Irrigazione	Zavlažovanie
Lama	Lama
Latte	Mlieko
Mais	Kukurica
Oche	Husi
Orzo	Jačmeň
Pastore	Pastier
Pecora	Ovce
Prato	Lúka
Trattore	Traktor

Filantropia
Filantropia

Bambini	Deti
Bisogno	Potrebovať
Carità	Charita
Comunità	Komunita
Contatti	Kontakty
Finanza	Financie
Fondi	Fondy
Generosità	Štedrosť
Gioventù	Mládež
Globale	Globálny
Gruppi	Skupiny
Missione	Misia
Obiettivi	Ciele
Onestà	Poctivosť
Persone	Ľudia
Programmi	Programy
Pubblico	Verejnosť
Sfide	Výzvy
Storia	História
Umanità	Ľudstvo

Fiori
Kvety

Dente di Leone	Púpava
Gardenia	Gardénia
Gelsomino	Jazmín
Giglio	Ľalia
Girasole	Slnečnica
Ibisco	Ibištek
Lavanda	Levanduľa
Lilla	Orgován
Magnolia	Magnólia
Margherita	Sedmokráska
Mazzo	Kytica
Narciso	Narcis
Orchidea	Orchidea
Papavero	Mak
Peonia	Pivonka
Petalo	Lístok
Plumeria	Plumeria
Rosa	Ruža
Trifoglio	Ďatelina
Tulipano	Tulipán

Fisica
Fyzika

Accelerazione	Zrýchlenie
Atomo	Atóm
Caos	Chaos
Chimico	Chemický
Densità	Hustota
Elettrone	Elektrón
Espansione	Expanzia
Formula	Vzorec
Frequenza	Frekvencia
Gas	Plyn
Gravità	Gravitácia
Magnetismo	Magnetizmus
Meccanica	Mechanika
Molecola	Molekula
Motore	Motor
Nucleare	Jadrový
Particella	Častica
Relatività	Relativita
Universale	Univerzálny
Velocità	Rýchlosť

Foresta Pluviale
Dažďový Prales

Anfibi	Obojživelníky
Botanico	Botanický
Clima	Klíma
Comunità	Komunita
Diversità	Rôznorodosť
Giungla	Džungle
Indigeno	Domorodý
Insetti	Hmyz
Mammiferi	Cicavce
Muschio	Mach
Natura	Povaha
Nuvole	Oblaky
Preservazione	Zachovanie
Prezioso	Cenný
Restauro	Obnova
Rifugio	Útočisko
Rispetto	Rešpektovať
Sopravvivenza	Prežitie
Specie	Druh
Uccelli	Vtáky

Forme
Tvary

Angolo	Rút
Arco	Oblúk
Bordi	Okraje
Cerchio	Kruh
Cilindro	Valec
Cono	Kužeľ
Cubo	Kocka
Curva	Krivka
Ellisse	Elipsa
Iperbole	Hyperbola
Lato	Strana
Linea	Linka
Ovale	Ovál
Piramide	Pyramída
Poligono	Mnohouholník
Prisma	Hranol
Quadrato	Námestie
Rettangolo	Obdĺžnik
Sfera	Sféra
Triangolo	Trojuholník

Forniture Artistiche
Umelecké Potreby

Acqua	Voda
Acquerelli	Akvarely
Acrilico	Akryl
Argilla	Hlina
Carbone	Uhlie
Carta	Papier
Cavalletto	Stojan
Colla	Lepidlo
Colori	Farby
Creatività	Tvorivosť
Gomma	Guma
Idee	Nápady
Inchiostro	Atrament
Matite	Ceruzky
Olio	Olej
Pastelli	Pastely
Sedia	Stolička
Spazzole	Kefy
Tavolo	Tabuľka
Telecamera	Fotoaparát

Forza e Gravità
Sila a Gravitácia

Asse	Os
Attrito	Trenie
Centro	Centrum
Dinamico	Dynamický
Distanza	Vzdialenosť
Espansione	Expanzia
Fisica	Fyzika
Impatto	Vplyv
Magnetismo	Magnetizmus
Meccanica	Mechanika
Movimento	Pohyb
Orbita	Orbita
Peso	Hmotnosť
Pianeti	Planét
Pressione	Tlak
Proprietà	Vlastnosti
Scoperta	Objav
Tempo	Čas
Universale	Univerzálny
Velocità	Rýchlosť

Frutta
Ovocie

Albicocca	Marhule
Ananas	Ananás
Arancia	Oranžový
Avocado	Avokádo
Bacca	Bobule
Banana	Banán
Ciliegia	Čerešňa
Fico	Figa
Kiwi	Kivi
Lampone	Malina
Limone	Citrón
Mango	Mango
Mela	Jablko
Melone	Melón
Mora	Černice
Papaia	Papája
Pera	Hruška
Pesca	Broskyňa
Prugna	Slivka
Uva	Hrozno

Geografia
Geografia

Atlante	Atlas
Città	Mesto
Continente	Kontinent
Elevazione	Výška
Emisfero	Hemisféra
Fiume	Rieka
Isola	Ostrov
Longitudine	Logitude
Mappa	Mapa
Mare	More
Meridiano	Poludník
Mondo	Svet
Montagna	Vrch
Nord	Sever
Oceano	Oceán
Ovest	Západ
Paese	Krajina
Regione	Región
Sud	Juh
Territorio	Územie

Geologia
Geológia

Acido	Kyselina
Altopiano	Plošina
Calcio	Vápnik
Caverna	Jaskyňa
Continente	Kontinent
Corallo	Koralov
Cristalli	Kryštály
Erosione	Erózia
Fossile	Fosílne
Geyser	Gejzír
Lava	Láva
Minerali	Minerály
Pietra	Kameň
Quarzo	Kremeň
Sale	Soľ
Stalagmiti	Stalagmity
Stalattite	Stalaktit
Strato	Vrstva
Terremoto	Zemetrasenie
Vulcano	Sopka

Geometria
Geometria

Altezza	Výška
Angolo	Uhol
Calcolo	Kalkulácia
Cerchio	Kruh
Curva	Krivka
Diametro	Priemer
Dimensione	Rozmer
Equazione	Rovnice
Logica	Logika
Mediano	Medián
Numero	Číslo
Orizzontale	Horizontálny
Parallelo	Paralelný
Proporzione	Podiel
Segmento	Segment
Simmetria	Symetria
Superficie	Povrch
Teoria	Teória
Triangolo	Trojuholník
Verticale	Vertikálny

Giardinaggio
Záhradníctvo

Acqua	Voda
Botanico	Botanický
Clima	Klíma
Commestibile	Jedlé
Compost	Kompost
Contenitore	Kontajner
Esotico	Exotický
Fiorire	Kvet
Floreale	Kvetinový
Foglia	List
Fogliame	Lístie
Frutteto	Sad
Mazzo	Kytica
Semi	Semená
Specie	Druh
Sporco	Špina
Stagionale	Sezónny
Suolo	Pôda
Tubo	Hadica
Umidità	Vlhkosť

Giardino
Záhradný

Albero	Strom
Amaca	Hojdacia Sieť
Cespuglio	Ker
Erba	Tráva
Erbacce	Buriny
Fiore	Kvet
Frutteto	Sad
Garage	Garáž
Giardino	Záhrada
Pala	Lopata
Panca	Lavička
Prato	Trávnik
Rastrello	Hrable
Recinto	Plot
Stagno	Rybník
Suolo	Pôda
Terrazza	Terasa
Trampolino	Trampolína
Tubo	Hadica
Vite	Vinič

Giorni e Mesi
Dni a Mesiace

Agosto	August
Anno	Rok
Aprile	Apríl
Calendario	Kalendár
Dicembre	December
Domenica	Nedeľa
Febbraio	Február
Gennaio	Január
Giugno	Jún
Luglio	Júl
Lunedì	Pondelok
Martedì	Utorok
Mercoledì	Streda
Mese	Mesiac
Novembre	November
Ottobre	Október
Sabato	Sobota
Settembre	September
Settimana	Týždeň
Venerdì	Piatok

Governo
Vláda

Capo	Vodca
Cittadinanza	Občianstvo
Civile	Občiansky
Costituzione	Ústava
Democrazia	Demokracia
Discorso	Reč
Discussione	Diskusia
Giudiziario	Súdny
Giustizia	Spravodlivosť
Indipendenza	Nezávislosť
Legge	Zákon
Libertà	Sloboda
Monumento	Pamätník
Nazionale	Národný
Nazione	Národ
Politica	Politika
Quartiere	Okres
Simbolo	Symbol
Stato	Štát
Uguaglianza	Rovnosť

Guida
Šoférovanie

Attenzione	Opatrnosť
Auto	Auto
Autobus	Autobus
Carburante	Palivo
Freni	Brzdy
Garage	Garáž
Gas	Plyn
Incidente	Nehoda
Licenza	Licencia
Mappa	Mapa
Moto	Motocykel
Motore	Motor
Pedonale	Pešej
Polizia	Polícia
Sicurezza	Bezpečnosť
Strada	Cesta
Traffico	Doprava
Trasporto	Preprava
Tunnel	Tunel
Velocità	Rýchlosť

I Media
Médium

Atteggiamenti	Postoje
Commerciale	Komerčný
Comunicazione	Komunikácia
Digitale	Digitálny
Edizione	Vydanie
Educazione	Vzdelávanie
Fatti	Fakty
Finanziamento	Financovanie
Foto	Fotografie
Giornali	Noviny
Industria	Priemysel
Intellettuale	Intelektuálny
Locale	Miestny
Online	Online
Opinione	Názor
Pubblico	Verejnosť
Radio	Rádio
Rete	Sieť
Riviste	Časopisy
Televisione	Televízia

Imbarcazioni
Lode

Albero	Stožiar
Ancora	Kotva
Barca a Vela	Plachetnica
Boa	Bója
Canoa	Kanoe
Corda	Lano
Equipaggio	Posádka
Fiume	Rieka
Kayak	Kajak
Lago	Jazero
Mare	More
Marea	Príliv
Marinaio	Námorník
Motore	Motor
Nautico	Námorných
Oceano	Oceán
Onde	Vlny
Traghetto	Trajekt
Yacht	Jachta
Zattera	Raft

Ingegneria
Strojárstvo

Angolo	Uhol
Asse	Os
Calcolo	Kalkulácia
Costruzione	Konštrukcia
Diagramma	Diagram
Diametro	Priemer
Diesel	Nafta
Distribuzione	Distribúcia
Energia	Energia
Forza	Sila
Leve	Páky
Liquido	Kvapalina
Macchina	Stroj
Misurazione	Meranie
Motore	Motor
Profondità	Hĺbka
Propulsione	Pohon
Rotazione	Rotácia
Stabilità	Stabilita
Struttura	Štruktúra

Insetti
Hmyz

Afide	Voška
Ape	Včela
Calabrone	Sršeň
Cavalletta	Kobylka
Cicala	Cikáda
Coccinella	Lienka
Coleottero	Chrobák
Falena	Mor
Farfalla	Motýľ
Formica	Mravec
Larva	Larva
Libellula	Vážka
Locusta	Svätojánsky
Mantide	Mantis
Pulce	Blcha
Scarafaggio	Šváb
Termite	Termit
Verme	Červ
Vespa	Osa
Zanzara	Komár

Jazz
Jazz

Album	Album
Applauso	Potlesk
Artista	Umelec
Canzone	Pieseň
Compositore	Skladateľ
Composizione	Zloženie
Concerto	Koncert
Enfasi	Dôraz
Famoso	Slávny
Genere	Žáner
Improvvisazione	Improvizácia
Musica	Hudba
Nuovo	Nový
Orchestra	Orchester
Preferiti	Obľúbené
Ritmo	Rytmus
Stile	Štýl
Talento	Talent
Tecnica	Technika
Vecchio	Starý

L'Azienda
Spoločnosť

Creativo	Kreatívny
Decisione	Rozhodnutie
Globale	Globálny
Industria	Priemysel
Innovativo	Inovatívny
Investimento	Investícia
Occupazione	Zamestnanie
Possibilità	Možnosť
Presentazione	Prezentácia
Prodotto	Produkt
Professionale	Profesionálny
Progresso	Pokrok
Qualità	Kvalita
Reddito	Príjmy
Reputazione	Povesť
Rischi	Riziká
Risorse	Zdroje
Salari	Mzdy
Tendenze	Trendy
Unità	Jednotky

Letteratura
Literatúra

Analisi	Analýza
Analogia	Analógia
Aneddoto	Anekdota
Autore	Autor
Biografia	Životopis
Conclusione	Záver
Confronto	Porovnanie
Descrizione	Popis
Dialogo	Dialóg
Genere	Žáner
Metafora	Metafora
Opinione	Názor
Poesia	Báseň
Poetico	Poetický
Rima	Rým
Ritmo	Rytmus
Romanzo	Román
Stile	Štýl
Tema	Téma
Tragedia	Tragédia

Libri
Knihy

Autore	Autor
Avventura	Dobrodružstvo
Collezione	Zbierka
Contesto	Kontext
Dualità	Dualita
Epico	Epos
Inventivo	Vynaliezavý
Letterario	Literárny
Lettore	Čitateľ
Narratore	Rozprávač
Pagina	Strana
Poesia	Poézia
Rilevante	Príslušný
Romanzo	Román
Scritto	Písaný
Serie	Séria
Storia	Príbeh
Storico	Historický
Tragico	Tragický
Umoristico	Humorný

Mammiferi
Cicavcov

Balena	Veľryba
Cane	Pes
Canguro	Klokan
Cavallo	Kôň
Cervo	Jeleň
Coniglio	Králik
Coyote	Kojot
Delfino	Delfín
Elefante	Slon
Gatto	Mačka
Giraffa	Žirafa
Gorilla	Gorila
Leone	Lev
Lupo	Vlk
Orso	Medveď
Pecora	Ovce
Scimmia	Opica
Toro	Býk
Volpe	Líška
Zebra	Zebra

Matematica
Matematika

Angoli	Uhly
Aritmetica	Aritmetika
Decimale	Desatinné
Diametro	Priemer
Divisione	Divízia
Equazione	Rovnice
Esponente	Exponent
Frazione	Zlomok
Geometria	Geometria
Parallelo	Paralelný
Parallelogramma	Rovnobežník
Perimetro	Obvod
Perpendicolare	Kolmý
Poligono	Mnohouholník
Quadrato	Námestie
Raggio	Polomer
Rettangolo	Obdĺžnik
Simmetria	Symetria
Somma	Súčet
Triangolo	Trojuholník

Meditazione
Meditácia

Accettazione	Prijatie
Attenzione	Pozornosť
Calma	Pokojný
Chiarezza	Jasnosť
Compassione	Súcit
Emozioni	Emócie
Felicità	Šťastie
Gentilezza	Láskavosť
Gratitudine	Vďačnosť
Mentale	Mentálny
Mente	Myseľ
Movimento	Pohyb
Musica	Hudba
Natura	Povaha
Osservazione	Pozorovanie
Pace	Mier
Pensieri	Myšlienky
Prospettiva	Perspektíva
Respirazione	Dýchanie
Silenzio	Ticho

Meteo
Počasie

Arcobaleno	Dúha
Asciutto	Suchý
Atmosfera	Atmosféra
Brezza	Vánok
Cielo	Neba
Clima	Klíma
Fulmine	Blesk
Ghiaccio	Ľad
Monsone	Monzún
Nebbia	Hmla
Nube	Mrak
Polare	Polárny
Siccità	Sucho
Temperatura	Teplota
Tempesta	Búrka
Tornado	Tornádo
Tropicale	Tropický
Tuono	Hrom
Uragano	Hurikán
Vento	Vietor

Mitologia
Mytológia

Archetipo	Archetyp
Comportamento	Správanie
Creatura	Tvor
Creazione	Tvorba
Credenze	Presvedčenie
Cultura	Kultúra
Disastro	Katastrofa
Divinità	Božstvá
Eroe	Hrdina
Forza	Sila
Fulmine	Blesk
Gelosia	Žiarlivosť
Guerriero	Bojovník
Immortalità	Nesmrteľnosť
Labirinto	Labyrint
Leggenda	Legenda
Mortale	Smrteľný
Mostro	Príšera
Tuono	Hrom
Vendetta	Pomsta

Musica
Hudba

Album	Album
Armonia	Súlad
Armonico	Harmonický
Ballata	Balada
Cantante	Spevák
Cantare	Spievať
Classico	Klasický
Coro	Refrén
Lirico	Lyrický
Melodia	Melódia
Microfono	Mikrofón
Musicale	Muzikál
Musicista	Hudobník
Opera	Opera
Poetico	Poetický
Registrazione	Nahrávanie
Ritmico	Rytmický
Ritmo	Rytmus
Strumento	Nástroj
Tempo	Tempo

Natura
Príroda

Animali	Zvieratá
Api	Včely
Artico	Arktický
Bellezza	Krása
Deserto	Púšť
Dinamico	Dynamický
Erosione	Erózia
Fiume	Rieka
Fogliame	Lístie
Foresta	Les
Ghiacciaio	Ľadovec
Montagne	Hory
Nebbia	Hmla
Nuvole	Oblaky
Santuario	Svätyňa
Scogliere	Útesy
Selvaggio	Divoký
Sereno	Pokojný
Tropicale	Tropický
Vitale	Vitálny

Numeri
Čísla

Cinque	Päť
Decimale	Desatinné
Diciannove	Devätnásť
Diciassette	Sedemnásť
Diciotto	Osemnásť
Dieci	Desať
Dodici	Dvanásť
Due	Dva
Nove	Deväť
Otto	Osem
Quattordici	Štrnásť
Quattro	Štyri
Quindici	Pätnásť
Sedici	Šestnásť
Sei	Šesť
Sette	Sedem
Tre	Tri
Tredici	Trinásť
Venti	Dvadsať
Zero	Nula

Nutrizione
Výživa

Amaro	Horký
Appetito	Chuť
Bilanciato	Vyvážený
Calorie	Kalórie
Carboidrati	Sacharidy
Commestibile	Jedlé
Dieta	Diéta
Digestione	Trávenie
Fermentazione	Kvasenie
Liquidi	Tekutiny
Nutriente	Živín
Peso	Hmotnosť
Proteine	Bielkoviny
Qualità	Kvalita
Salsa	Omáčka
Salute	Zdravie
Sano	Zdravý
Spezie	Korenie
Tossina	Toxín
Vitamina	Vitamín

Oceano
Oceán

Anguilla	Úhor
Balena	Veľryba
Barca	Loď
Corallo	Koralov
Delfino	Delfín
Gamberetto	Krevety
Granchio	Krab
Maree	Príliv
Medusa	Medúza
Onde	Vlny
Ostrica	Ustrice
Pesce	Ryby
Polpo	Chobotnica
Sale	Soľ
Scogliera	Útes
Spugna	Hubka
Squalo	Žralok
Tartaruga	Korytnačka
Tempesta	Búrka
Tonno	Tuniak

Paesaggi
Krajinky

Cascata	Vodopád
Collina	Kopec
Deserto	Púšť
Dune	Duny
Fiume	Rieka
Geyser	Gejzír
Ghiacciaio	Ľadovec
Grotta	Jaskyňa
Isola	Ostrov
Lago	Jazero
Mare	More
Montagna	Vrch
Oasi	Oáza
Oceano	Oceán
Palude	Močiar
Penisola	Polostrov
Spiaggia	Pláž
Tundra	Tundra
Valle	Údolie
Vulcano	Sopka

Paesi #1
Krajiny #1

Brasile	Brazília
Cambogia	Kambodža
Canada	Kanada
Egitto	Egypt
Finlandia	Fínsko
Germania	Nemecko
India	India
Iraq	Irak
Israele	Izrael
Libia	Líbya
Mali	Mali
Marocco	Maroko
Norvegia	Nórsko
Panama	Panama
Polonia	Poľsko
Romania	Rumunsko
Senegal	Senegal
Spagna	Španielsko
Venezuela	Venezuela
Vietnam	Vietnam

Paesi #2
Krajiny #2

Albania	Albánsko
Danimarca	Dánsko
Etiopia	Etiópia
Giamaica	Jamajka
Giappone	Japonsko
Grecia	Grécko
Haiti	Haiti
Indonesia	Indonézia
Irlanda	Írsko
Laos	Laos
Liberia	Libéria
Messico	Mexiko
Nepal	Nepál
Nigeria	Nigéria
Pakistan	Pakistan
Russia	Rusko
Siria	Sýria
Sudan	Sudán
Ucraina	Ukrajina
Uganda	Uganda

Piante
Rastliny

Albero	Strom
Bacca	Bobule
Bambù	Bambus
Botanica	Botanika
Cactus	Kaktus
Cespuglio	Ker
Edera	Brečtan
Erba	Tráva
Fagiolo	Fazuľa
Fertilizzante	Hnojivo
Fiore	Kvet
Flora	Flóra
Foglia	List
Fogliame	Lístie
Foresta	Les
Giardino	Záhrada
Muschio	Mach
Petalo	Lístok
Radice	Koreň
Vegetazione	Vegetácia

Professioni #1
Profesie #1

Allenatore	Tréner
Ambasciatore	Veľvyslanec
Artista	Umelec
Astronomo	Astronóm
Avvocato	Právnik
Ballerino	Tanečník
Banchiere	Bankár
Cacciatore	Lovec
Cartografo	Kartograf
Editore	Editor
Farmacista	Lekárnik
Geologo	Geológ
Gioielliere	Klenotník
Idraulico	Inštalatér
Infermiera	Sestra
Musicista	Hudobník
Pianista	Klavirista
Psicologo	Psychológ
Scienziato	Vedec
Veterinario	Veterinár

Professioni #2
Profesie #2

Astronauta	Astronaut
Bibliotecario	Knihovník
Biologo	Biológ
Chirurgo	Chirurg
Dentista	Zubár
Filosofo	Filozof
Fotografo	Fotograf
Giardiniere	Záhradník
Giornalista	Novinár
Illustratore	Ilustrátor
Ingegnere	Inžinier
Insegnante	Učiteľ
Inventore	Vynálezca
Investigatore	Vyšetrovateľ
Linguista	Lingvista
Medico	Lekár
Pilota	Pilot
Pittore	Maliar
Ricercatore	Výskumník
Zoologo	Zoológ

Psicologia
Psychológia

Appuntamento	Vymenovanie
Clinico	Klinický
Cognizione	Poznanie
Comportamento	Správanie
Conflitto	Konflikt
Ego	Ego
Emozioni	Emócie
Esperienze	Skúsenosti
Idee	Nápady
Inconscio	Nevedomý
Infanzia	Detstvo
Pensieri	Myšlienky
Percezione	Vnímanie
Personalità	Osobnosť
Problema	Problém
Realtà	Realita
Sensazione	Pocit
Subconscio	Podvedomie
Terapia	Terapia
Valutazione	Hodnotenie

Ristorante #1
Reštaurácia #1

Allergia	Alergia
Caffè	Káva
Cameriera	Čašníčka
Carne	Mäso
Cassiere	Pokladník
Cibo	Jedlo
Ciotola	Miska
Coltello	Nôž
Cucina	Kuchyňa
Dessert	Dezert
Ingredienti	Ingrediencie
Mangiare	Jesť
Menù	Menu
Pane	Chlieb
Piatto	Tanier
Piccante	Pikantné
Pollo	Kura
Prenotazione	Rezervácia
Salsa	Omáčka
Tovagliolo	Obrúsok

Ristorante #2
Reštaurácia č. 2

Acqua	Voda
Aperitivo	Predjedlo
Bevanda	Nápoj
Cameriere	Čašník
Cena	Večera
Cucchiaio	Lyžica
Delizioso	Lahodný
Forchetta	Vidlica
Frutta	Ovocie
Ghiaccio	Ľad
Insalata	Šalát
Minestra	Polievka
Pesce	Ryby
Pranzo	Obed
Sale	Soľ
Sedia	Stolička
Spezie	Korenie
Torta	Torta
Uova	Vajcia
Verdure	Zelenina

Salute e Benessere #1
Zdravie a Wellness #1

Abitudine	Zvyk
Altezza	Výška
Attivo	Aktívny
Batteri	Baktérie
Clinica	Klinika
Fame	Hlad
Farmacia	Lekáreň
Frattura	Zlomenina
Medicina	Medicína
Medico	Lekár
Muscoli	Svaly
Nervi	Nervy
Ormoni	Hormóny
Ossa	Kosti
Pelle	Koža
Riflesso	Reflex
Rilassamento	Relaxácia
Terapia	Terapia
Trattamento	Liečba
Virus	Vírus

Salute e Benessere #2
Zdravie a Wellness #2

Allergia	Alergia
Anatomia	Anatómia
Appetito	Chuť
Caloria	Kalórie
Corpo	Telo
Dieta	Diéta
Digestione	Trávenie
Disidratazione	Dehydratácia
Energia	Energia
Genetica	Genetika
Igiene	Hygiena
Infezione	Infekcia
Malattia	Choroba
Massaggio	Masáž
Nutrizione	Výživa
Ospedale	Nemocnica
Peso	Hmotnosť
Sangue	Krv
Sano	Zdravý
Vitamina	Vitamín

Scienza
Veda

Atomo	Atóm
Chimico	Chemický
Clima	Klíma
Dati	Údaje
Esperimento	Experiment
Evoluzione	Vývoj
Fatto	Fakt
Fisica	Fyzika
Fossile	Fosílne
Gravità	Gravitácia
Ipotesi	Hypotéza
Laboratorio	Laboratórium
Metodo	Metóda
Minerali	Minerály
Molecole	Molekuly
Natura	Povaha
Organismo	Organizmus
Osservazione	Pozorovanie
Particelle	Častice
Scienziato	Vedec

Sport
Šport

Allenatore	Tréner
Atleta	Športovec
Capacità	Schopnosť
Ciclismo	Cyklistika
Corpo	Telo
Danza	Tanec
Dieta	Diéta
Forza	Sila
Jogging	Jogging
Massimizzare	Maximalizovať
Metabolico	Metabolický
Muscoli	Svaly
Nutrizione	Výživa
Obiettivo	Cieľ
Ossa	Kosti
Programma	Program
Resistenza	Vytrvalosť
Salute	Zdravie
Sportivo	Športové
Stretching	Strečing

Strumenti Musicali
Hudobné Nástroje

Armonica	Harmonika
Arpa	Harfa
Banjo	Banjo
Chitarra	Gitara
Clarinetto	Klarinet
Fagotto	Fagot
Flauto	Flauta
Gong	Gong
Mandolino	Mandolína
Marimba	Marimba
Oboe	Hoboj
Percussione	Perkusie
Pianoforte	Klavír
Sassofono	Saxofón
Tamburello	Tamburína
Tamburo	Bubon
Tromba	Trúbka
Trombone	Trombón
Violino	Husle
Violoncello	Violončelo

Tempo
Čas

Anno	Rok
Annuale	Ročný
Calendario	Kalendár
Decennio	Desaťročie
Dopo	Po
Futuro	Budúcnosť
Giorno	Deň
Ieri	Včera
Mattina	Ráno
Mese	Mesiac
Mezzogiorno	Poludnie
Minuto	Minúta
Notte	Noc
Oggi	Dnes
Ora	Hodina
Orologio	Hodiny
Presto	Čoskoro
Prima	Pred
Secolo	Storočie
Settimana	Týždeň

Tipi di Capelli
Typy Vlasov

Argento	Striebro
Asciutto	Suchý
Bianco	Biely
Biondo	Blond
Breve	Krátky
Calvo	Plešatý
Colorato	Farebné
Grigio	Šedá
Intrecciato	Pletené
Liscio	Hladký
Lungo	Dlhý
Marrone	Hnedý
Morbido	Mäkký
Nero	Čierny
Riccio	Kučeravý
Riccioli	Kučery
Sano	Zdravý
Sottile	Tenký
Spessore	Hrubý
Trecce	Vrkôčiky

Uccelli
Vtákov

Airone	Volavka
Anatra	Kačica
Aquila	Orol
Cicogna	Bocian
Cigno	Labuť
Colomba	Holubica
Cuculo	Kukučka
Fenicottero	Plameniak
Gabbiano	Čajka
Oca	Hus
Pappagallo	Papagáj
Passero	Vrabec
Pavone	Páv
Pellicano	Pelikán
Piccione	Holub
Pinguino	Tučniak
Pollo	Kura
Struzzo	Pštros
Tucano	Tukan
Uovo	Vajec

Universo
Vesmír

Asteroide	Asteroid
Astronomia	Astronómia
Astronomo	Astronóm
Atmosfera	Atmosféra
Buio	Tma
Celeste	Nebeský
Cielo	Neba
Cosmico	Kozmický
Emisfero	Hemisféra
Equatore	Rovník
Galassia	Galaxia
Longitudine	Logitude
Luna	Mesiac
Orbita	Orbita
Orizzonte	Horizont
Solare	Solárny
Solstizio	Slnovrat
Telescopio	Teleskop
Visibile	Viditeľný
Zodiaco	Zverokruh

Vacanze #2
Dovolenka #2

Aeroporto	Letisko
Campeggio	Kemp
Destinazione	Cieľ
Foto	Fotografie
Hotel	Hotel
Isola	Ostrov
Mappa	Mapa
Mare	More
Passaporto	Pas
Ristorante	Reštaurácia
Spiaggia	Pláž
Straniero	Cudzinec
Taxi	Taxi
Tempo Libero	Voľný Čas
Tenda	Stan
Trasporto	Preprava
Treno	Vlak
Vacanza	Dovolenka
Viaggio	Cesta
Visto	Víza

Veicoli
Vozidlá

Aereo	Lietadlo
Ambulanza	Ambulancie
Auto	Auto
Autobus	Autobus
Barca	Loď
Bicicletta	Bicykel
Camion	Nákladné Auto
Caravan	Karavána
Elicottero	Vrtuľník
Metropolitana	Metro
Motore	Motor
Pneumatici	Pneumatiky
Razzo	Raketa
Scooter	Skúter
Sottomarino	Ponorka
Taxi	Taxi
Traghetto	Trajekt
Trattore	Traktor
Treno	Vlak
Zattera	Raft

Verdure
Zelenina

Aglio	Cesnak
Broccolo	Brokolica
Carciofo	Artičok
Carota	Mrkva
Cetriolo	Uhorka
Cipolla	Cibuľa
Fungo	Huba
Insalata	Šalát
Melanzana	Baklažán
Patata	Zemiak
Pisello	Hrach
Pomodoro	Paradajka
Prezzemolo	Petržlen
Rapa	Kvaka
Ravanello	Reďkovka
Scalogno	Šalotka
Sedano	Zeler
Spinaci	Špenát
Zenzero	Zázvor
Zucca	Tekvica

Vestiti
Oblečenie

Abito	Šaty
Braccialetto	Náramok
Camicetta	Blúzka
Camicia	Košeľa
Cappello	Klobúk
Cappotto	Plášť
Cintura	Pás
Collana	Náhrdelník
Giacca	Bunda
Gonna	Sukňa
Grembiule	Zástera
Guanti	Rukavice
Jeans	Džínsy
Maglione	Sveter
Moda	Móda
Pantaloni	Nohavice
Pigiama	Pyžamá
Sandali	Sandále
Scarpa	Topánka
Sciarpa	Šál

Congratulazioni

Ce l'hai fatta!

Speriamo che questo libro vi sia piaciuto tanto quanto a noi è piaciuto concepirlo. Ci sforziamo di creare libri della più alta qualità possibile.
Questa edizione è progettata per fornire un apprendimento intelligente, di qualità e divertente!

Le è piaciuto questo libro?

Una Semplice Richiesta

Questi libri esistono grazie alle recensioni che pubblicate.

Puoi aiutarci lasciando una recensione
ora a questo link ?

BestBooksActivity.com/Recensioni50

SFIDA FINALE!

Sfida n°1

Sei pronto per il tuo gioco gratuito? Li usiamo sempre, ma non sono così facili da trovare - ecco i **Sinonimi!**

Scrivi 5 parole che hai trovato nei puzzle (n° 21, n° 36, n° 76) e prova a trovare 2 sinonimi per ogni parola.

Scrivi 5 parole del **Puzzle 21**

Parole	Sinonimo 1	Sinonimo 2

Scrivi 5 parole del **Puzzle 36**

Parole	Sinonimo 1	Sinonimo 2

Scrivi 5 parole del **Puzzle 76**

Parole	Sinonimo 1	Sinonimo 2

Sfida n°2

Ora che ti sei riscaldato, scrivi 5 parole che hai trovato nei puzzle n° 9, n° 17 e n° 25 e cerca di trovare 2 contrari per ogni parola. Quanti ne puoi trovare in 20 minuti?

Scrivi 5 parole del *Puzzle 9*

Parole	Antonimo 1	Antonimo 2

Scrivi 5 parole del *Puzzle 17*

Parole	Antonimo 1	Antonimo 2

Scrivi 5 parole del *Puzzle 25*

Parole	Antonimo 1	Antonimo 2

Sfida n°3

Grande! Questa sfida  non è niente per te!

Pronto per la sfida finale? Scegli 10 parole che hai scoperto nei diversi puzzle e scrivile qui sotto.

1.	6.
2.	7.
3.	8.
4.	9.
5.	10.

Ora scrivi un testo pensando a una persona, un animale o un luogo che ti piace.

Puoi usare l'ultima pagina di questo libro come bozza.

La tua composizione:

TACCUINO:

A PRESTO!

Tutta la Squadra

BESTACTIVITYBOOKS.COM/FREEGAMES